マンガで学ぶ

対人援助職の仕事

——在宅介護と介護予防をめぐる人々の物語

植田寿之 著、青野渚 漫画

創元社

マンガで学ぶ

対人援助職の仕事

目次

装丁　濱崎実幸

はじめに

振り返ってみれば、私たちは、今までに多くの困難に出遭《であ》ってきました。自分自身の力だけで乗り越えてきた時もありました。家族や友人の力を借りて、どうにか克服できた時もありました。しかし、自分自身の力や家族、友人の力をもってしても、どうにもならない時があります。そのような時に手助けをする専門職が、対人援助職です。暮らしや人生を支えますので、福祉、医療、保健、保育、心理、教育、司法など広くさまざまな分野で仕事をしています。本書では、その中でも誰もが直面する可能性が高い「高齢者の在宅介護や介護予防」に携わる対人援助職の仕事を描きました。

老いにより、今までできていたことが徐々にできなくなる。今までよかったことが突然悪くなる。身近な人を亡くすことで大きな喪失感を抱く……。そのことによって、本人のみならず、家族や親戚、近隣の人たちまでもが混乱し、時には絶望します。理解力や判断力が衰えることもしばしばあります。対人援助職は、そのような当事者に寄り添い、ともに歩むことで一緒に希望を見出し、共有し、暮らしや人生を支えるといった、とても繊細で奥深い仕事をする専門職なのです。時には自分自身の人生と重なり、大きく心が揺り動かされ、疲弊してしまうこともあります。

ですから、対人援助職には、高度な専門技術が必要になります。とはいえ、どのような専門職もそうであるように、すぐに高度な技術が身につくわけではありません。学習と経験を繰り返し、少しずつ磨いていくものなのです。また、対人援助職の仕事は、一人でできるものではありません。その専門技術は、専門職仲間や援助を必要とする当事者、当事者を取り巻く周囲の人たちなど、多くの人たちのつながり、互いの思いやり、そして支え合いをもたらすものであり、逆に、それらによって成り立つ専門技術でもあります。

本書では、そうした対人援助職の仕事を紹介します。成長していく対人援助職たちの姿を感じとることで、あなたのスキルアップとやりがいを見出す一助となることを願っています。

さて、本書の舞台は中核都市の郊外で、「老老介護の末、妻を殺し無理心中」という新聞記事を見た自治会長、西野京三さんの和田安男・花代さん夫婦を思う気持ちから物語ははじまります。

主な登場人物と相関図

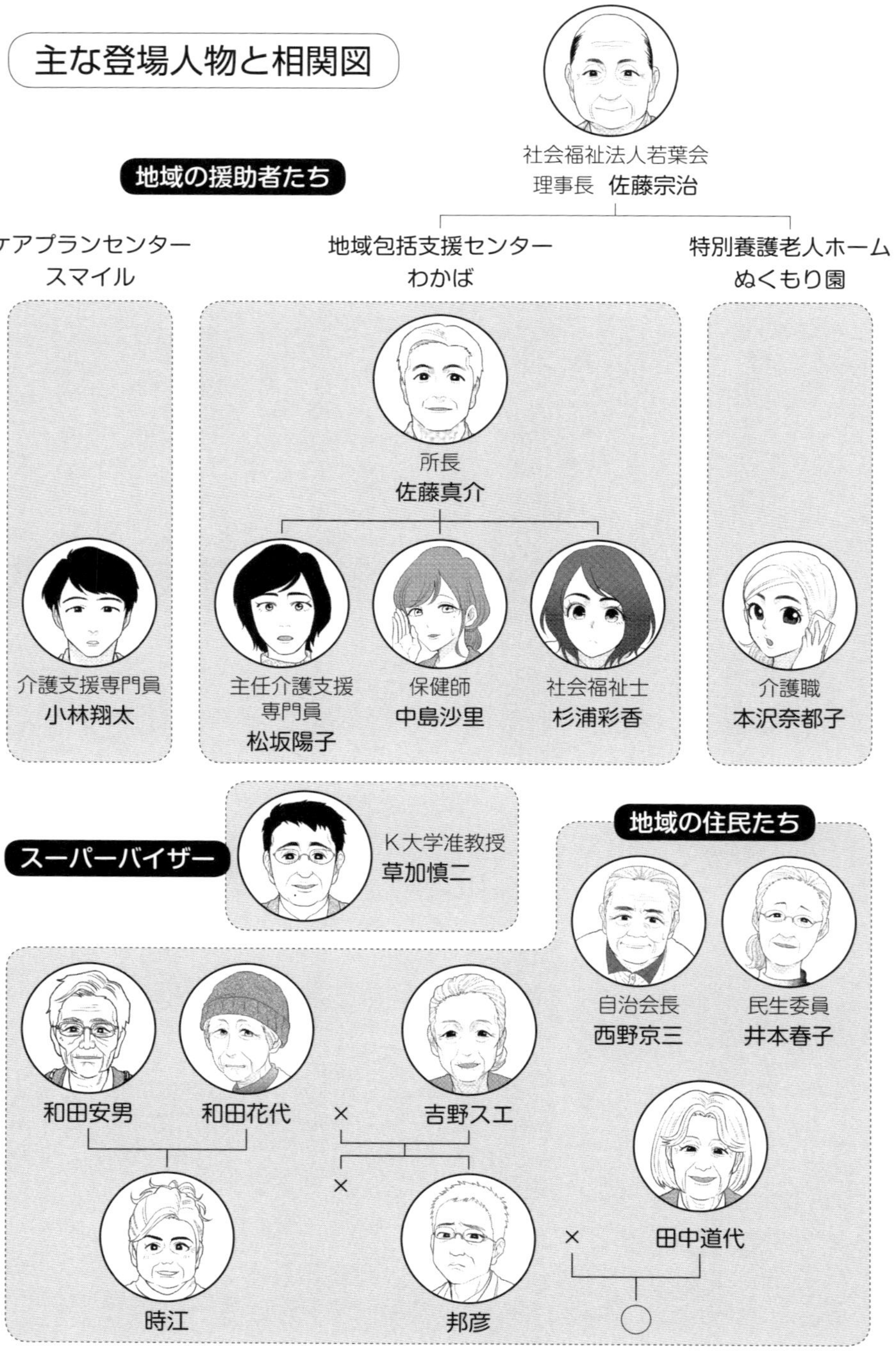

社会福祉法人若葉会
理事長 佐藤宗治
地域の援助者たち
ケアプランセンター
スマイル
地域包括支援センター
わかば
特別養護老人ホーム
ぬくもり園
所長
佐藤真介
介護支援専門員
小林翔太
主任介護支援
専門員
松坂陽子
保健師
中島沙里
社会福祉士
杉浦彩香
介護職
本沢奈都子
スーパーバイザー
K大学准教授
草加慎二
地域の住民たち
自治会長
西野京三
民生委員
井本春子
和田安男
和田花代
×
吉野スエ
×
時江
邦彦
×
田中道代

プロローグ

二月のある日
老老介護の末
妻を殺し　無理心中
「介護に疲れた」
バサッ
やっさんも相当疲れてるなあ
ガシャン
ちょっとやっさんのところに行ってくる
今日は観光客が多いから自転車は危ないですよ
自転車はダメだって!!
西野《にしの》 京三《きょうぞう》　76歳
自治会長。世話好きで住民の信頼も厚く、18年間自治会長を務めている。

おお京さん
キキッ
ガラッ
和田 安男 花代
やっさん
花代さん
大丈夫か？
どうしたんだ大声出して

いや
大丈夫なら
いいんだ
おかしな
やつだなあ
俺が花代を
殺したとでも
思ったのか？
い　いや
そうじゃなくて
やっさん
相当疲れてるだろ
花代さんが
倒れて三年
やっさんは
よくがんばって
きたよ
そろそろ
花代さんの世話を
少しは専門家に
任せないか？
お前はまた
そんなこと
を言いに来たのか

＊ケアマネ……ケアマネジャーの略称。介護保険法に基づく介護支援専門員。

確かに あの子はいい子だな
しかし 花代の体の状態を 診《み》に来てくれてる だけだ
身の回りの世話は 俺がやると決めたのは お前も知ってるだろ
カチャ
だけど もう限界じゃ ないのか?
玄関を 開けたら すごい尿臭 だったぞ
それに この洗濯物とゴミ
やっさん 顔色も悪いし 寝てないんじゃ ないか?

俺はな
命が続く限り
花代の世話をする
ギロ…
しかし…
ガ
ガシャーンッ
いい
加減に
しろ！
花代の世話を
誰かに任す
ぐらいなら
花代を殺して
俺も死ぬ
もう帰れ！
…わかった
ぐっ…

また来るから考えておいてくださいよやす兄ちゃん
その言い方はやめろ！
和田
安男
花代
そういえばわしが子どもの頃から…

火の用心
西野は実兄を戦争で亡くし
安男は実弟を病気で亡くしていた
当時 隣同士に住んでいた二人は
お互い歳の離れた兄弟のようにして育った
やっさんは 弱虫だった
わしの面倒を
よく見てくれたなあ
恩返しをしたい…

県警本部長賞
和田 安男 殿
警察官 お手柄
犯人逮捕
その場で取り押さえ
警察官に逆恨み
出所した犯人に
警察官の妻刺され
未然に防げな

1
2
3
命がある限り俺がこの手でお前を守る
やっさん
自分で世話ができなくなったら本当に花代さんをどうにかしてしまうかもしれない

図　地域包括ケアシステム（本書に登場する事業所・機関・主な人物）

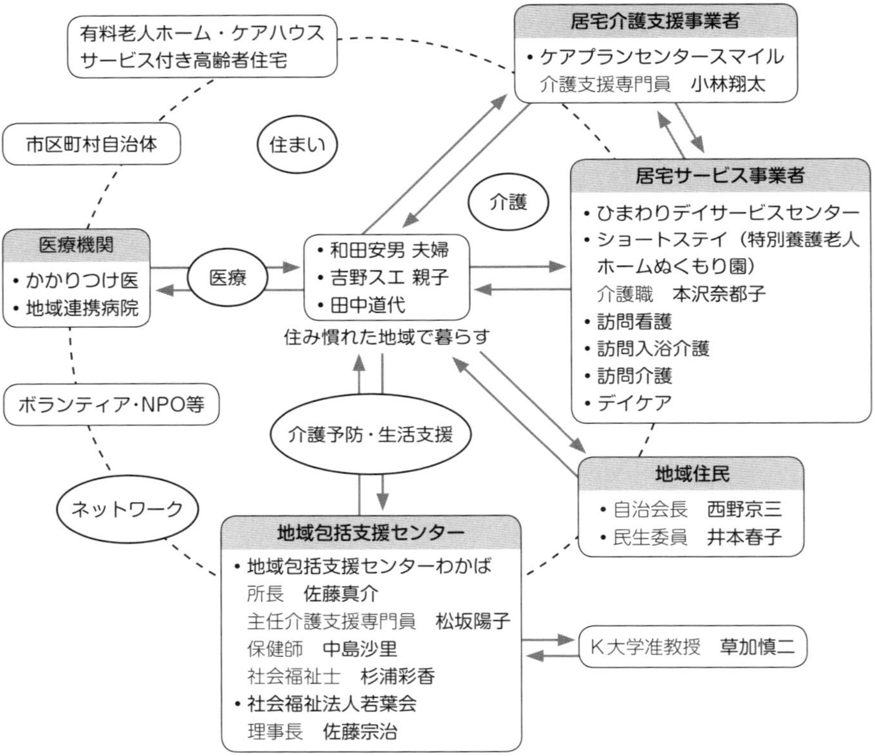

第1話
技は見て盗め

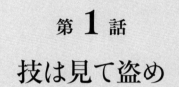

子ども未来課
三月二五日
杉浦ちゃんちょっと…
はーい！すぐに参ります
嫌な予感
課長が杉浦ちゃんと呼ぶ時はろくなことがない
そこにすわって
私また何か失敗を？
そうじゃなくて杉浦ちゃんには出向してもらうことになった
今日内示があってね
失効…
失効じゃなくて出向
社会福祉法人に市の職員のままで出向いてもらう
市役所
市
社会福祉法人若葉会
はあ…それでどこへ？

社会福祉法人若葉会の地域包括支援センター わかば
地域包括支援センター わかば
若葉会って ぬくもり園の
よく知ってるね 特別養護老人ホーム ぬくもり園を経営する法人
さすが杉浦ちゃん
若葉会って高齢者の事業をしている法人ですよね
しかも地域包括支援センターって地域の第一線で高齢者の支援をするところじゃないですか
ケアマネジャー
保健師
高齢者の在宅生活
社会福祉士
それだけ知っていれば充分!
高齢者のこと 私は全然わからないのですが…
杉浦ちゃんは社会福祉士でしょ
先方から名指しで依頼があったことだしまあとにかくよろしく!
杉浦彩香《すぎうらあやか》　25歳
社会福祉士。K大学を卒業し、市に就職。子ども未来課に配属されて3年。

本沢奈都子
12：15
私 奈都子のところに行くことになったんだけど知ってた？
知らなかったよ 掲示板見てびっくり
本沢奈都子《もとざわなつこ》 25歳
杉浦の大学時代の同級生。社会福祉法人若葉会 特別養護老人ホームぬくもり園の介護職。
若葉会から名指しで私に来てほしいって依頼があったらしいよ
若葉会
地域包括支援センター
特別養護老人ホームぬくもり園
そうなんだ
彩香と同じ職場になるなんて夢にも思わなかった でも部署が違うからあんまりわかばの職員とは接触がないけどね
そうなの…
むぐ
四月一日
辞令
杉浦 彩香
社会福祉法人若葉会への出向を命じる

ぬくもり園
社会福祉法人若葉会
特別養護老人ホーム
ぬくもり園
地域包括支援セ
そんな気弱なこと言ってるから駄目なんじゃない！
ビクッ！

松坂《まつざか》陽子《ようこ》　44歳
地域包括支援センターわかばの主任介護支援専門員（主任ケアマネジャー）。
それで虐待かもしれないの？
はい
入浴介助で大きなあざが見つかったようです
本人は知らないいって言っているようですが…
小林《こばやし》 翔太《しょうた》　29歳
居宅介護支援事業所ケアプランセンタースマイルの介護支援専門員（ケアマネジャー）。
いつあざが見つかったの？
昨日です さっき管理者からあわてた様子で電話がありました
わかった あなたこれから時間ある？
スエさんの面接に行きましょ
えっあっじゃあ 連絡しておきます
杉浦彩香さんだね？

私は わかば所長の 佐藤真介
ちょうど よかった
挨拶が終わったら すぐに松坂と 吉野スエさん宅を訪問
佐藤真介《さとうしんすけ》　47歳
地域包括支援センターわかば所長。
はっ はい
でも 理事長さんに ご挨拶は？
そんなものは あとでいい
皆さん
市からの出向で 赴任された 社会福祉士の 杉浦彩香さん
今日から お世話に なります 杉浦彩香 です
市の子ども 未来課にいました お年寄りのことは はじめてで 何卒ご指導を お願いします
君の席はここだ
わからないことは 隣の中島に 聞けばいい 歳も一番近い だろうし 独身だし
あとは オバハンばかり だからな
オバハンって…… なるほど

中島沙里《なかじまさり》　32歳
地域包括支援センターわかばの保健師。
保健師の中島沙里です
所長口が悪いでしょ でもこう見えて面倒見はいいのよ
おお小林くんもう来たの？
紹介しておく
今日赴任してきた社会福祉士の杉浦彩香さん これからスエさん宅へ一緒に行くから
ぐい
ぐい
杉浦です よろしくお願いします
ぁ あのう ケアマネの… こ 小林です
行ってきまーす
気をつけて行ってらっしゃい
小林くん スエさんのフェイスシート杉浦さんに見せてあげて

フェイスシート
氏名　吉野スエ　82歳　昭和X年5月25日生
同居家族　吉野邦彦　55歳
19歳で結婚。夫の事業を手伝った。
22歳で長女を出産し専業主婦となる。
27歳で長男を出産。直後、夫が交通事故で急死。
以後、近くのスーパーでパートをしながら女手一つで長女と長男を育てた。病弱な長女は14歳の時に死亡。
長男は一流大学を出て銀行に就職。数年後、結婚したが、やがて離婚し、実家でスエと暮らすようになる（スエ65歳頃）。
スエは、パートを辞め、長男の身の回りの世話をするようになった。
76歳で脳梗塞を発症。軽い左半身麻痺となり、要支援と認定。
79歳で脳梗塞を再発。要介護1*と認定され、介護保険サービスを利用しはじめた。現在は、週2回の訪問介護による入浴介助と毎日の配食サービスを利用。
毎週日曜日は、長男と買い物に出ている。

＊要介護1……立ち上がりや歩行が不安定で、排泄や入浴などに部分的な介助が必要な状態。

あんたも来てたのね
ええ 松坂さんは僕の前にスエさんの担当だった人ですよ
さっき電話したことも忘れてる
ハイハイよろしく でそちらのお嬢さんは?
そうでしたか その節はお世話になりまして
もう三年前のことですからね 松坂ですよろしくお願いします
今日からわかばに勤める杉浦さん
はじめまして杉浦です
まあそう どうぞお上がりください
訪問介護の管理者さんに聞いたのですが
スエさん左腕に大きなあざができてるそうですね 痛いのではと心配になって
あざ?

あらほんと
どうしたのでしょうねえ
痛くはないの?
痛くはないですよ
こんなあざができてるなんて知らなかったわ
入浴介助の時に同じことを聞かれたのを忘れてる
痛くないなら安心したわ
ところで息子さんお変わりなく元気にされてるの?
このごろすぐに怒るのよ

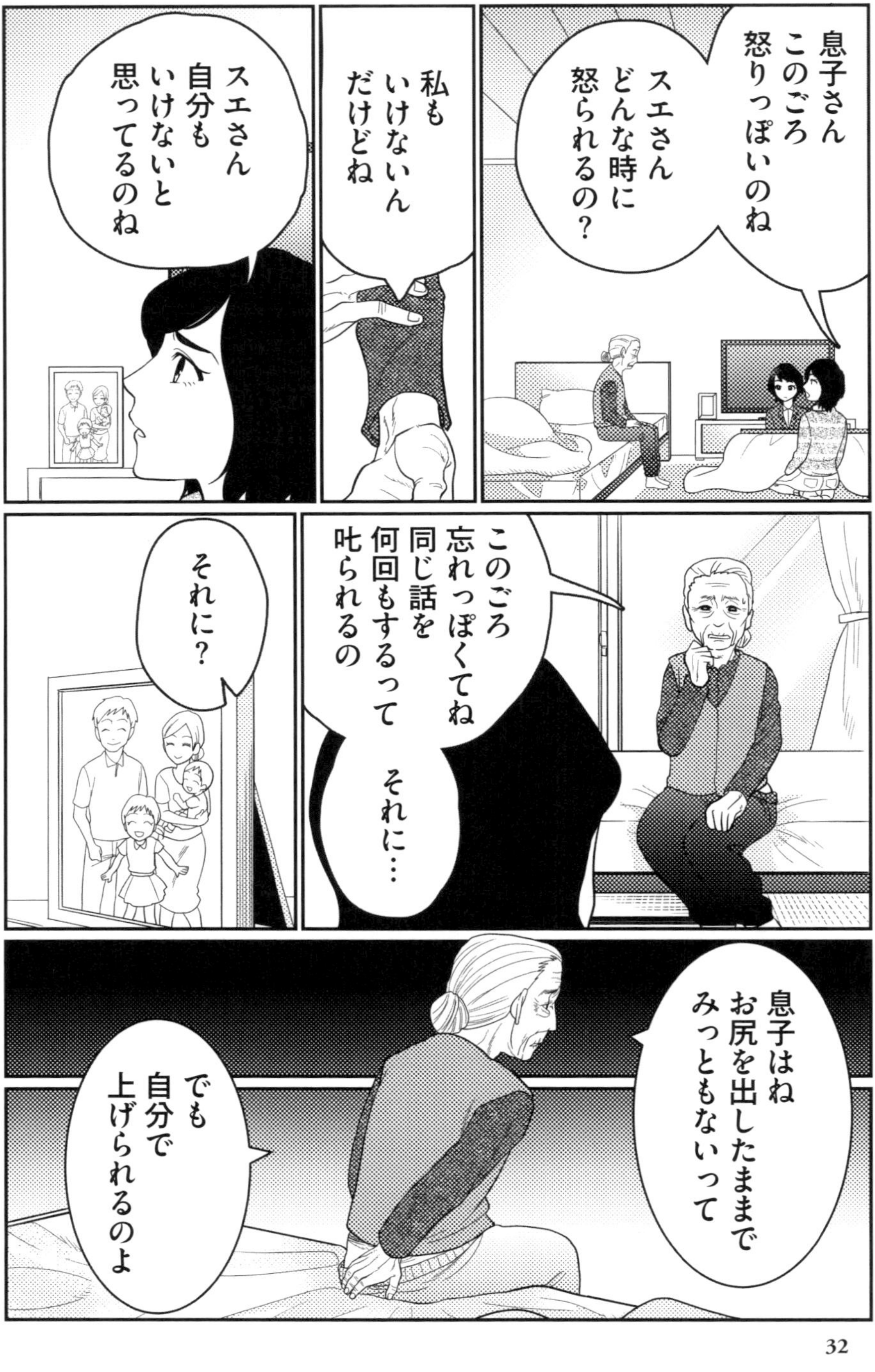
息子さん このごろ 怒りっぽいのね
スエさん どんな時に 怒られるの？
私も いけないん だけどね
スエさん 自分も いけないと 思ってるのね
このごろ 忘れっぽくてね 同じ話を 何回もするって 叱られるの
それに…
それに？
息子はね お尻を出したままで みっともないって
でも 自分で 上げられるのよ

私の
不注意なの
息子に
言われたら
できるん
だけど
私ね
息子に
嫌な思いを
させるのが
つらくて
迷惑をかける
ぐらいなら
早くお迎えが
来てくれたら
いいのに…
息子さんに
嫌な思いを
させて
迷惑をかけるのが
とてもつらい
早くお迎えが
来てくれたらいいと
思うくらいなのね
すごく高度な
面接技術…
電話での態度と
まるで違う

小林くん
左腕のあざのことは
今夜でも息子さんに
確認しておいて
わかりました
まさか自分が
叩いたなんて
言われないと
思いますが
ところで
スエさんの
話を聴いて
どう思った？
息子さんを
女手一つで育てた
気丈な人で
弱音を吐くなんて
全然なかったのに
驚きました
よっぽど
息子さんに
押さえ
込まれてる
のでは
ないでしょうか
押さえ
込まれてる？
何か違うように
思うけどなぁ
杉浦さんは
どう思った？

スエさんは息子さんが生まれてすぐご主人を亡くされ
数年して娘さんも亡くされて必死に息子さんを育てられたと思うんです
息子さんが離婚して帰ってきた時パートを辞めてまで息子さんの世話をしようとしたのは
母としてだけでなくお嫁さん代わりにもなりたいという気持ちがあったんじゃないでしょうか
きっとご主人や娘さんへの愛情もすべて息子さんに注がれたんじゃないかって
その愛情を息子さんが感じないはずはないと思うんです

私も夫を早くに亡くして確かに必死に子どもたちを育てた
人ごとだと思ってそんな強い気持ちに思いを馳せなかった
だから息子さんは
万が一何かのはずみで手を出していたとしたら強い罪悪感を感じてらっしゃると思います
でもそれは虐待というより出会い頭《がしら》の事故なのかもしれません
それに息子さんは気丈なお母さんが認知症だなんて認めたくないのでは?
息子さんも苦しいのではないかと思います

杉浦さん あなた そんなことまで…
大切なことを思い出させてもらったわ ありがとう
フッ
そこまで人の気持ちが想像できるなんて…
それよりも
松坂さんの面接技術がすばらしくって圧倒されてたんですよ
憧れます これから教えてくださいね
こほん
いずれにしても
息子さんの話を聴かないとね 杉浦さんが鋭い仮説を立ててくれたから検証しないと

ねえ小林くん
えっ僕がですか？
当たり前じゃない小林あなた担当でしょ
私があなたの上司ならとっくにぶっ飛ばしてるわよ
地域包括支援センター わかば
今日赴任しました杉浦です
ご挨拶が大変遅くなりました
あっ掃除のおじいさん！
理事長室
佐藤宗治《さとうむねはる》 76歳
社会福祉法人若葉会理事長。地域包括支援センターわかば所長、佐藤真介の父。
あなたの洞察力の鋭さ聞きましたこれからよろしくお願いしますよ
はいがんばります
辞令
杉浦 彩香 殿
社会福祉法人若葉会に採用する
地域包括支援センターわかばに
配属する。

もう お姉ちゃん 興奮しすぎ
松坂さんって 人の面接技術が すごいのは よくわかったから
とにかく 「技は見て盗め」 だよ お姉ちゃん
じっと見てれば コツが見えてくる はずだから がんばってね
おやすみ～
親子の絆が 深いからこそ 認知症などで関係に ひずみができて 支援も困難に なるのね…
技は見て盗め か…

要点・解説　技術＝視点×態度×技法

対人援助職の専門技術は、視点と態度と技法のかけ算で成り立っています。どれが欠けても技術として成り立たないのです。

問題の背景と当事者の気持ちを考える「視点」

「視点」とは、ものの見方、捉え方を意味しています。現在見えている問題には必ず背景があります。その背景を整理し、それを根拠に当事者の気持ちなどについて仮説を立ててみることにします。

✤現在見えている問題

吉野スエさんと邦彦さん親子の事例を整理すると、現在次のような問題が見えています。

- 物忘れにより、スエさんの日常生活に支障が出ている
- スエさんと邦彦さんの親子関係がよくない方向に向かっている
- 邦彦さんによる虐待の疑いがある

✤当事者の気持ちについての仮説

現在見えている問題の背景には、さまざまな要因があります。客観的事実と杉浦さんが立てた、スエさんと邦彦さんの気持ちについての仮説を整理すると次のようになります。

客観的事実	仮説
・スエさんは、邦彦さんが生まれてすぐに、夫を交通事故で亡くした ・病弱な長女は一四歳で亡くなった ・スエさんは、一人で邦彦さんを育て、一流大学に進学させた ・スエさんが六五歳の時に、邦彦さんは離婚して実家に帰ってきた ・同時に、スエさんはパートを辞めて、邦彦さんの世話をするようになった ・物忘れが徐々にひどくなり、同じ話を何度も繰り返すようになった ・ズボンを上げきれず、お尻を半分出したままの時が増えている ・スエさんは、それに気づけば、自分でズボンを上げることができる	・スエさんは、必死で邦彦さんを育てた ・夫への愛情も長女への愛情もすべて邦彦さんに注いだ ・母として邦彦さんを思いやる気持ちだけではなく、別れた妻の代わりをしたいという強い気持ちがあった ・邦彦さんは、スエさんの愛情を感じないはずはない ・万が一スエさんに手を出していたとしたら、強い罪悪感を感じている ・気丈な母を認知症だと認めることができない ・しかし、いろんなことができなくなる母親を目の当たりにし、苦しい

この他にも、たとえば次のような仮説も立てることができるでしょう。

客観的事実	仮説
・スエさんは、要介護状態となったことで、邦彦さんの世話ができなくなった ・スエさんは、「息子に嫌な思いをさせるのがつらくて、迷惑をかけるぐらいなら、早くお迎えが来てくれたらいいのに」と言っている ・邦彦さんがスエさんの物忘れやズボンの上げ忘れを指摘している	・スエさんは、邦彦さんの世話をするという関係が逆転したことで、邦彦さんに申し訳なく思っている ・しかし、いつまでも母としてしっかりすべきだとも思っている ・物忘れを指摘され、情けなく思っている ・衰えていく自分の現実にイライラする邦彦さんを見ていると、いたたまれない

仮説は、あくまでも仮説であって、当たっているとは限りません。しかし、客観的な事実を根拠にすると当たっている可能性が十分あります。当たっている可能性があるならば、今後どういう関わりが必要なのかを考えることができます。

✤歴史をともなう背景

現在見えている問題の背景には、必ず人生という歴史がともなっています。対人援助が暮らしや人生を支えるものであるならば、当然ですが、人生という歴史の中で培われた当事者の関係性に着目することが大切になってきます。

もし杉浦さんの仮説どおり、邦彦さんがスエさんの認知症を認めることができないとすれば、邦彦さんはサービスの導入を拒否する可能性があります。すると、「**邦彦さんを説得しなければならない**」という発想が生まれます。

しかし、歴史によって培われた関係性に着目すると、次のようなことも考えられます。

- 邦彦さんは、他の人に頼らず、自分と母だけで何とかしたいという気持ちがあるのかもしれない
- そこには、一人で頑張ってきた、また邦彦さんが離婚して帰ってきてからは二人で頑張ってきた、というスエさん自身の意思も働いているのかもしれない

援助関係を築く「態度」と話を聴く「技法」

さて、援助する人とされる人の関係を専門的援助関係、略して**援助関係**と言います。友人関係のような日常的な関係とは違って、**暮らしや人生を支えるという目的があり、目的がある以上、意図的に築いていく関係**なのです。

✤複雑な背景を語ることができる信頼関係

スエさんと邦彦さん親子が現在抱えている問題には、歴史を伴う複雑な背景がありました。二

ーズを把握し、暮らしや人生を支えていくためには、当事者に複雑な背景を語ってもらう必要があります。そのためには、当事者との間に信頼関係が必要になり、当事者の信頼を得るために、専門的な態度や技法が必要になってくるのです。

杉浦さんが「高度な面接技術」と驚いた松坂さんの面接を振り返ってみましょう。

松坂「痛くないなら安心したわ。ところで息子さん、お変わりなく元気にされてるの？」

スエ「このごろすぐに怒るのよ」

松坂「息子さん、このごろ怒りっぽいのね。スエさん、どんな時に怒られるの？」

スエ「私もいけないんだけどね」

松坂「スエさん、自分もいけないと思ってるのね」

スエ「このごろ忘れっぽくてね。同じ話を何回もするって叱られるの。それに…」

- いかにもスエの気持ちに寄り添おうとしている松坂の表情

松坂「それに？」

スエ「息子はね、お尻を出したままでみっともないって。でも、自分で上げられるのよ」

スエ「私の不注意なの。息子に言われたらできるんだけど。私ね、息子に嫌な思いをさせるのがつらくて。迷惑をかけるぐらいなら、早くお迎えが来てくれたらいいのに…」

松坂「息子さんに嫌な思いをさせて、迷惑をかけるのがとてもつらい、早くお迎えが来てくれたらいいと思うくらいなのね」

・涙ぐむスエの手を、両手で上から軽く握る松坂

松坂さんは、いずれの応答でもスエさんの気持ちを確認し、しっかり応えています。決して裁かず受け止めようとしています。また、「こんな時は、みなそう感じるものよ」などといった一般論ではなく、今ここでのスエさん自身の気持ちを理解しようとしています。さらに、松坂さん自身の感情や価値観をいっさい口にしていません。この「態度」に対して、杉浦さんは、「高度な面接技術」だと驚いたのです。態度については、第2話の要点・解説で詳しく示しています。

面接については、第4話の要点・解説で詳しく示しますが、開かれた質問、感情の反射、繰り返し、言い換え、要約など専門的な「技法」があります。しかし、その技法は、単なる小手先のテクニックではなく、こうした専門的な「態度」が前提となって成り立っています。また、当事者を理解するために、現在見えている問題の背景を見ようとする「視点」がなければ、的を射た情報を得ることができません。

技術＝視点×態度×技法

面接の専門的な「技法」そのものは、見よう見まねである程度コツをつかむことができます。しかし、「視点」や「態度」は、何度も学習を繰り返し、日々の実践を整理し振り返らないことには身につけることはできません。ですから、「技」が「技術」だとすれば、「技は見て盗め」は、なかなか難しいものなのです。

第2話

つらい経験があるから人に優しくできる

今日は四月三日結婚記念日ですよ
四月三日
何が食べたい？って聞くとあなたは決まって里芋の煮転がしって言ってたわね
102号室
あなたは亭主関白で頑固で私の言うことなんて何も聞いてくれなかった
でもこうしてあなたがいなくなると私どうしたら…
あら井本さん
道代さんまたご主人と話してたのね目が赤いわよ
井本春子《いもとはるこ》　65歳
民生委員。自治会長、西野京三のすすめで昨年の改選から引き受けた。

夫の写真を見てたら悲しくなって
道代さん明日からデイサービスだったわね今度は大丈夫なの？
それがね
今朝から急に足が痛くなったからやめておこうと思うの
やっぱり…
もうすぐわかばの中島さんが来られるから断ろうと思っていたの
そうなの…
おはようございます！
おはよう今日も元気だねぇ

＊サ高住……サービス付き高齢者住宅。

フェイスシート
氏名　田中道代　84歳　昭和X年8月13日生
同居家族　なし　　〇〇県〇〇市に長女（62歳）が夫と二人暮らし
18歳で結婚。夫は、建設業に従事。典型的な亭主関白だった。
道代は専業主婦。
金銭の使い方、子育て、近所づきあいなど、すべてにわたって夫に決定権があり、すべて夫の言うことにしたがい暮らしていた。
22歳で長女を出産。
長女は父親の言動に反発し、高校を卒業と同時に家を離れ、〇〇県〇〇市で就職。同僚と結婚し、その地で暮らすようになった。
道代は、夫にすすめられた趣味の陶芸がかなりの腕前。
80歳の時に変形性膝関節症が悪化、手術。要支援2*と認定され、地域包括支援センターが関わるようになった。
昨年、医者嫌いの夫が、極度の体調不良に陥り、診断の結果すでに末期がんだった。
診断後2週間で他界。以後、道代は買い物だけを訪問介護に依頼し、何とか一人で暮らしている。

＊要支援2……日常生活の一部に介護が必要だが、介護サービスを利用すれば心身の機能の維持・改善が見込める状態。

一昨日
スマイルの
小林さんに
乗せてもらった
車にも事業所名
が書いてなかった
のですけど
どうしてですか？
ご近所の目もあるし
事業所名があると
嫌がる方も
いらっしゃるのよ
ケアプランセンター
個別訪問は
事業所名がない車を
使うことにしてるの
近くだと
自転車で行くこと
もあるのよ
ところで
田中さんはどうして
デイサービスを
拒否されるんですか？
それが
よくわからないの
というか
私がうまく
聴けてないから
松坂さんによく
叱られるのよね…

102号室
中島さん お待ちしてましたよ
紹介します 一昨日赴任したばかりの杉浦彩香です
あら 学生さんかと思った
杉浦は 社会人四年目ですよ
井本さんも来られてたんですね
お茶を飲みながらおしゃべりしてたのよ
今日は新人の杉浦彩香を連れてきました
こちらは民生委員の井本さん 何かとお世話になってるの
わあーっ 素敵な方! 田中さんのご主人ですか?

あら
あなたも
素敵だと思う？
ハラ
ハラ
高倉健さんに
似てますよね
よく
そう
言われる
のよ
これは三年前の
結婚記念日に
温泉に連れて行って
もらった時の写真
今日は
結婚記念日なの
そうだったんですか
スーツ姿も
素敵ですね
スーツは
年に一回
旅行の時だけなの
年に
一回だけ
なんですか
若い時から
そうよ
主人は建設業でね
といっても
偉い人じゃなくて
現場で
汗水たらして働く人
毎日
体も服も
ドロドロになって
帰ってきたのよ

男らしい人 なんですね だからあんなに 若々しい精悍《せいかん》な 顔つきなんだ
私 汗水たらして 働く男の人に 憧れます
あなたも？ 気が合うわねえ
主人は 大変な 亭主関白で 若い頃は 気に入らないことが あるとよく怒鳴り つけられたの
毎日 泣いたものよ
でもね どうすればいいか わかってきたし 何でも主人が 決めてくれるでしょ
そうして 気楽で心地よい 暮らしになったの
そうなんですか
そんなものよ 夫婦って
私を大切に 思ってくれてるのが よくわかったわ

久しぶりに楽しい気持ちになったわ
杉浦さんって言ったかしら
ありがとう
いえいえ私も楽しいお話を聴かせていただきました
ご主人が急に亡くなられてさびしい思いをされてるんですね
そうなのよ
ところで道代さん
あらごめんなさい杉浦さんっていい子ねえ
道代さん明日からデイサービスでしたよね
今度は大丈夫ですか？
今朝から足が痛くて
やっぱりデイサービスは断ろうと思ってるの

今度は足が痛くてと…
私もさっきそれを聞いたのよ残念だわ
井本さん中島さんごめんなさいね
広いお風呂に入れますし疲れたら横になって休めるんですよ
わかってるんですけどね 今回はやめておきます
今回はって今回もじゃない
道代さんは自分で物事を決められないんじゃないかな
それに一人でどこかに出かけることが不安なのかも
ところで田中さん道代さんって呼んでいいですか？
ええ道代って呼んで主人にもそう呼ばれていたしね
道代さんご主人は大変な亭主関白っておっしゃってましたね

何でも ご主人が決めて くださるって
ええ そうよ
ひょっとして道代さんは 自分一人で何かを決めたり どこかに出かけることを とても不安に思って おられるのでしょうか？
主人はね
私の気持ちなんて まるで考えていない ように見えて 実は とっても私のことを 思いやって…
最初は嫌だと思っても あとになるとすべて なるほどって思うの
私をしっかり 見てくれていて 私のためだけに 物事を決めてくれるの
ドレスは それにしろ
道代さん よく 似合ってるわね

お前は陶芸をやりなさい
服が汚れるじゃない
陶芸教室
最優秀賞
お前がつくった器で食べると旨い
あなたがすすめてくれたからですよ

だからね 私は主人がいないと 生きていけないの
主人は 私の人生 そのものなの
もう死んで しまいたいって 思うけど 死ぬことも 自分で決められないの 主人が悲しむんじゃ ないかって
主人がいなければ何にも決められない
仏壇から離れられない
本当に私 これから どうしたらいいの…

そんなにご主人のことを…
ごめんなさい私も涙が止まらなくて
明日のデイサービスはキャンセルしておきます
ごめんね杉浦さん
運転して…
ガチャ
急にどうされたんですか?
井本さんも昨年ご主人を亡くされてるの
実は私もね昨年結婚が決まってた彼氏を交通事故で亡くして…
えっ!
ショックでしばらく仕事を休んでたの
そうだったんですか

地域包括支援センターわかば
ぎゅ
またメソメソして何かあったのね
豪快だけどなんて優しい人…
チャッ
しょうがないわね
今夜飲みに行くか！小林も誘って女三人で彼をいじるわよ
はは い
小林今夜飲みに行くぞ！六時にわかば集合
ところで小林彼女はできたの？
えっいえまだですが
中島はどう？ファンタジー小説好きでちょっと乙女チックだけどよく気がつくよ

私も
お似合いだと
思います
そうでしょ！
杉浦ちゃんも
そう言ってる
松坂さん
飲みすぎ
ですよ
さあお開き
明日もお仕事
がんばろう
松坂さん
タクシーで
送りますよ
ねえ奈都子
松坂さんって豪快だけど
ほんと優しい人ね
そうね
ご主人を早くに亡くして
女手一つで二人の男の子を
育ててこられたみたい
松坂さんも
そうなの？
つらい経験が
あるから
人がつらい時に
優しくできるん
じゃないかな
私 松坂さんを尊敬する
このあいだ松坂さんの
すごい面接技術を
目の当たりにしたんだ
妹に技は
見て盗めって
言われたし
観察してみる

そうだ！
久しぶりに
草加先生に
会いに行かない？
草加研究室
先生のコーヒー
懐かしい
ほんと
懐かしくって
美味しい
実はこのたび
彩香が地域包括
支援センター
わかばに
赴任しました
そのようだな
なーんだ
先生知ってたの？
草加慎二《くさかしんじ》　48歳
K大学准教授。杉浦と本沢のゼミの
先生。「対人援助」と「スーパービジ
ョン」を専門としている。

佐藤理事長と
僕の親父が
大学時代の
旧友でね
本沢さんが
若葉会に就職した時
それを知ったんだ
ときどき連絡があるよ
君たちの働きぶりもね
このあいだは
杉浦さんの洞察力が
すばらしいなんて
おっしゃってたぞ
そんな
ことまで
ゴールデン
ウィークに
佐藤理事長に
ご挨拶に行こうと
思っていた
ところだよ
ところで
一つ教えて
いただきたいのですが
面接技術って
見て盗めるんですか？
見て盗む？
試してみたら
どうだい

✤✤✤✤✤✤ケースワークの原則 The casework relationship ✤✤✤✤✤✤

要点・解説　意図的に築く援助関係

田中道代さんは、夫の死を受け容れることができず、混沌とした気持ちで日々を過ごしています。心のエネルギーをなくし、これからの暮らしや人生を前向きに考えることができなくなっているのでしょう。では、このような状態の道代さんに、どのように関わればいいのでしょうか。

援助関係を築く態度

以下は、援助関係を築く時の態度を整理したものです。バイステック*の七原則を参考に、筆者なりに説明しています。

✤援助関係形成の原則

①プライバシーに留意することで安心を与える（秘密保持）
思い切って他人に悩みを相談する時、誰もが「他の人に話さないでほしい」と願う。うしろめたい過去や心の傷を持っていることもある。それは、家族や親しい友人にさえ知られたくないことか

＊フェリックス・ポール・バイステック（Felix Paul Biestek）……神父。ワシントンD.C.のカトリック大学でソーシャルワークの博士号を取得後、カトリック系のロヨラ大学の教員として30年を過ごし、1957年に『ケースワークの原則（原題：*The casework relationship*）』を出版。援助者として、援助が必要となる人に関わる時の７つの基本的な態度がまとめられており、「バイステックの７原則（Biestek seven）」と呼ばれている。

もしれない。だから、相手のプライバシーを必ず守ることを言葉や態度で示して安心してもらう。

②感情に応答することで自分の気持ちへの気づきをもたらす（意図的な感情表出）

人は葛藤や不安を抱えると、マイナス思考になり、心の中で悪循環を生じさせる。そのため混乱し、気持ちが整理できない。その複雑な気持ちをわかってもらえると安心し、さらに気持ちを話す。気持ちを表現すると、自分が客観的に見え、改めて自分の気持ちに気づく。それを意図的にもたらすために、気持ちにしっかり応える。

③援助者自身の感情や価値観を脇に置く（統制された情緒的関与）

暮らしや人生を支える仕事をすると、援助者の感情や価値観が反応しやすい。時には、相手に激しい怒りを感じることもある。かわいそうに思うこともある。援助者は、そうした自分自身の感情や価値観の傾向を知り、その傾向に左右されず、相手の側に立つ必要がある。そのために、感情や価値観を脇に置く。

④あるがままを受け止める（受容）

暮らしや人生を支えていると、「いったいどうしろっていうの！」と感じることがある。しかし、相手が最もつらいのは、「どうしていいのかわからない」こと。その気持ちをあるがまま受け止める。決して無理難題を受け入れることではない。無理難題を言わざるを得ない相手の気持ちを受け止める。

⑤決して裁かない（非審判的態度）

自分の感情や価値観から、つい相手を裁きたくなる。人は誰でも葛藤や不安を抱えている時ほど、裁かれたくないもの。「私が裁きたくなる態度をなぜ相手は取ってしまうのか」。それを理解することが大切である。なぜかを理解することができれば、相手を裁かなくてもすむ。

⑥一般論で片づけない（個別化）
客観的に見ると同じような状況であっても、相手によってみな気持ちや状況の中味が違う。まったく同じ体験をしていても、感じ方や捉え方はみな違う。相手は、他の誰とも違う自分の話を聴いてほしい。自分の気持ちを理解してほしいのである。

⑦あくまでも側面から援助する（自己決定）
あくまでも問題解決するのは相手。援助者が代わりに解決するものではない。相手が混乱していても、理解力や判断力が不足していても、自分の気持ちや置かれている状況を振り返り、何が適切なのかを自分で選び決めることができるように寄り添う。「自分で決めなさい」と突き放すものではない。

道代さんのように、心のエネルギーをなくしてしまっている人たちに必要なこと。それは、安心できる関係です。「この人なら、絶対私のことを笑わない、怒らない、馬鹿にしない」「この人ならこんなに矛盾する気持ちを抱えている私でも受け容れてくれる」「こんなに情けない私でもこの人の前には居場所がある」という**安心を感じることができる関係が必要**なのです。それが、**専門職として、援助者が当事者との間に築く援助関係**なのです。

✤気持ちに寄り添うことしかできない援助

悲しみと戸惑いの真っただ中にいる道代さんには、世の中にいくら充実したサービスが存在していたとしても、まったく役に立ちません。介護予防サービスの必要性はわかっていたとしても、道代さんは利用しようとしないのです。つまり、悲しみや戸惑いを乗り越えるのは、道代さん自身なのであって、まわりの者がとやかく言ってもはじまりません。今まで何度もサービスを直前でキャンセルしてきた現実を考えると、それは明らかでしょう。

では、援助者として何ができるのか……。実は、道代さんの側に立って、道代さんの気持ちに寄り添うことしかできないのです。その時に求められるのが、当事者が安心できる関係を築く七つの態度なのです。

援助者の自己覚知

中島さんは、今までなぜ道代さんが直前でサービスをキャンセルするのか、うまく話を聴くことができませんでした。

✤援助者が自分と向き合う

中島さんは、純粋に道代さんの気持ちに寄り添うことができないという、援助者としての大きな課題を背負っていました。

中島「実は私もね、昨年結婚が決まってた彼氏を交通事故で亡くして…」
杉浦「えっ！」
中島「ショックでしばらく仕事を休んでたの」
杉浦「そうだったんですか」

中島さんは、道代さんが夫を亡くしたように、昨年、結婚が決まっていた彼氏を亡くしています。中島さんは、道代さんの話を聴き、自分の気持ちを思い出してしまい、これ以上話を聴くことができなくなってしまいました。

今までにも同じようなことがあって、無意識のうちに、道代さんの話を深く聴くことを避けるようになっているのかもしれません。ですから、苦しいことですが、援助者として中島さんは、そんな自分と向き合う必要があるのです。

✤自己覚知とは

援助者も専門職である前に生身の人間ですから、当然、感情や価値観を持っています。ですから、相手に、「許せない」「かわいそう」「そのことには触れたくない」などいろいろな気持ちを抱いてしまいます。**自分の人生を振り返り、その気持ちにはどんな傾向があるのか、いったいどこ**

からきているのかを改めて知る。そして、その傾向に左右されないように相手の側に立って相手を理解する。この一連の流れを自己覚知と言います。

自己覚知とは、自分が今、どのような行動をとり、どのように感じているかを客観的に意識できること、そして、自分をあるがまま受け容れることだとも言えます。

✤自己覚知の難しさ

しかし、自己覚知の入り口に立ち、**自分の人生を振り返ると、大きな心の痛みを感じる**ことがあります。忘れていたはずの嫌な自分、情けない自分を思い出してしまうことがあるのです。そして、自分を直視することを避け、自分を守るために過剰に相手を責めたり、相手との間にバリアをつくってしまい、深く関わることができなくなってしまうことがあります。

中島さんの場合、自分がなぜ道代さんと向き合うことができないのかが、おそらくわかっているのでしょう。しかし、結婚を約束していた彼氏の死は昨年のことで、まだ心の生傷が癒えていない今、自分を客観的に意識し、自分を受け容れることはとても難しいことだと言えます。

道代さんに深く関わらないようにするのは、今、中島さんが自分を守るためにできる精一杯のことなのでしょう。そして、その結果、いつまでも深く道代さんの話を聴くことができないという悪循環を生じさせてしまうのですから、中島さんの心は飽和状態です。**このような時には、誰かの助けが必要になる**のです。

つらい経験があるから人に優しくできる……。つらい経験をした時、気にかけてくれる人、手をさしのべてくれる人、寄り添ってくれる人がいれば、その優しさに触れることができます。そして、その人たちの存在の大切さを感じ、心から感謝の気持ちを抱くことで、自分自身が優しくなれるのです。それが、中島さんに今、必要なことなのかもしれません。

第3話

対人援助のスタート地点

四月二八日
お父さん
お母さん
元気にしてる？

何してるの！
ガタッ
!?
時江さん
どう
したんだ？
ち 父が
母の首を…
やっさんが
花代さんの首を
絞めたのか？
花代さんは？
首に手がかかった
瞬間 私が来たので
大事に至りません
でした
それは
よかった
やっさん すまないが
ケアマネジャーの
小林さんに
連絡するぞ
何ですって？
すぐに
参ります！

＊ネグレクト……身の回りの世話をせず放置すること。介護放棄であり虐待の一つ。

フェイスシート
氏名　和田花代（89歳）　昭和X年9月3日生まれ
同居家族　夫　安男（91歳）　〇〇市に長女　時江（65歳）
〇〇県生まれ。21歳で夫と結婚。現在の地に暮らす。専業主婦。
夫は、戦後から定年まで警察官を務めた。23歳で長女を出産。
26歳の時、家族で買い物に行き、警察官の夫を逆恨みした強盗犯人（刑期は終え出所）に腹部を刺される。生死をさまよう重症だったが回復。しかし、腸閉塞を起こしやすい後遺症が残る。入退院を繰り返しながら専業主婦をしていた。
86歳の時、脳梗塞で左半身麻痺になる。要介護4＊と認定されるが、夫が、最初に相談した市役所職員の対応に怒り、介護を他者に任せようとしない。訪問看護でバイタルチェックのみを行う。

＊要介護4……日常生活能力の低下がみられ、排泄、入浴、衣服の着脱など全般に全面的な介助が必要な状態。

強く頭を打っているようだな
小林くん救急車を呼んでくれ
救急車はやめてくれ!
病院など行きたくない
それはいけません
じゃあ私が車で送りましょう
私と杉浦で爺さんを病院に連れて行くから
小林くんは花代さんと時江さんそれに西野さんの話を聴いてください
杉浦後ろで爺さんの話を聴いておけ
松坂の面接を観察してたんだろ
ドキッ
はははい…

和田さん はじめまして
この春から わかばに勤めている 杉浦彩香と言います
おつらいですね…
俺は なんてことを…
俺は逮捕 されるのか？
もう花代の 面倒を見れない のか？
それより 花代は 無事なのか？
これから花代は どうなるんだ？
森山医院
花代さんに 怪我をさせた わけでは ないですし 逮捕は されませんよ
時江さんが 助けてくれて 花代さんは 無事です

＊ショートステイ……家族が一時的に介護できなくなった場合などに、特別養護老人ホームなどに短期間入所し、食事や入浴などの日常生活上の介護を受ける。

先生から説明のとおり
少しのあいだ
入院しましょう
私と小林が責任を持って
花代さんのお世話を
する先を手配します
いいですね？
本当に花代は
大丈夫なのか？
和田さん
大丈夫ですよ
ご安心ください
そうか…
ガラッ
安男さんの怪我は
たいしたことが
ないようですが
しばらく心療内科に
入院になるそうです
こんなことに
なるなら
死んだほうが
よかった
何を
言ってるの
お母さん！
二人は
これから
どうなる？
それは
まだ何とも…
時江さん
いつまでここに
泊まれますか？
明日 自宅に
戻らなくては
いけません

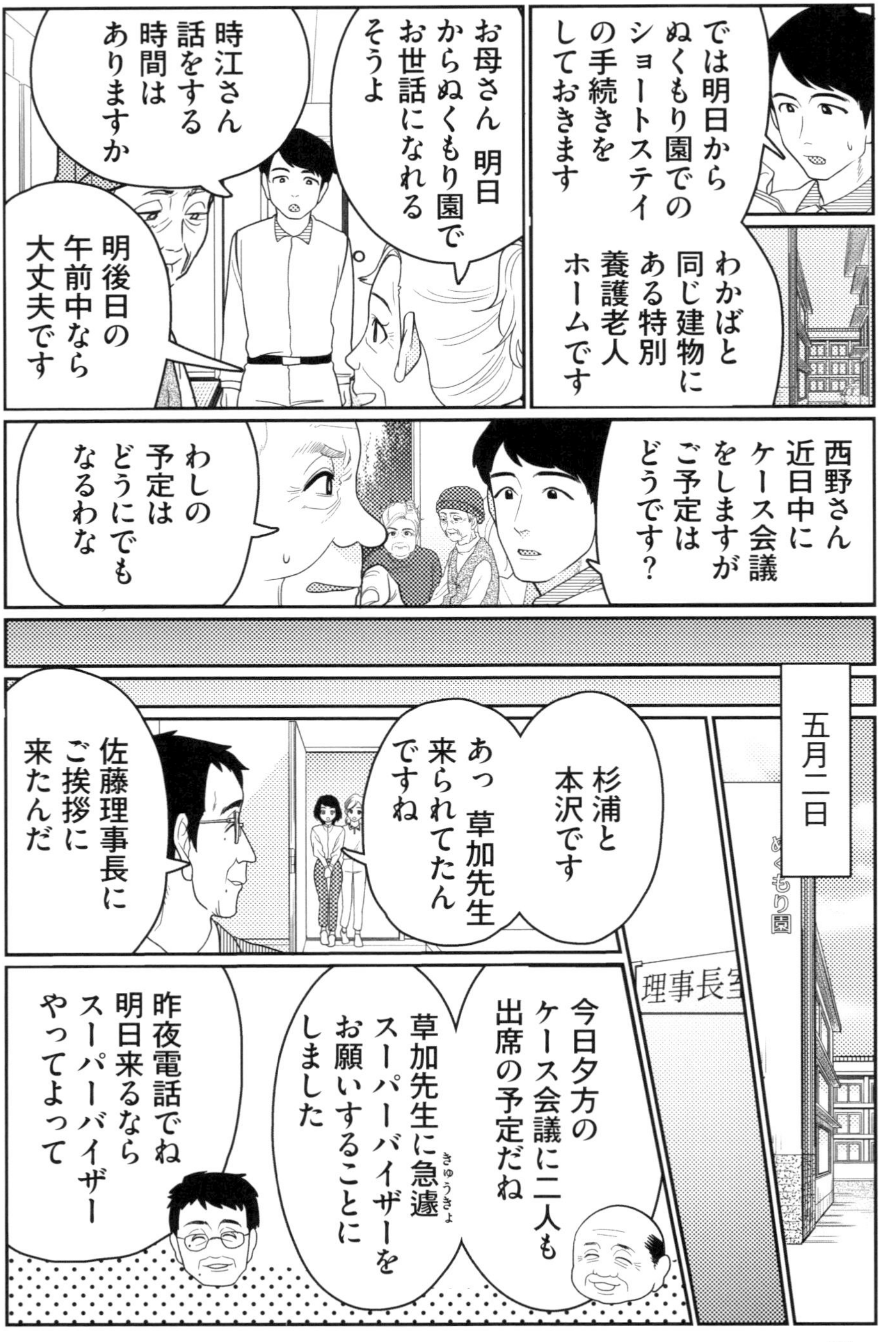

では明日からぬくもり園でのショートステイの手続きをしておきます
わかばと同じ建物にある特別養護老人ホームです
お母さん 明日からぬくもり園でお世話になれるそうよ
時江さん話をする時間はありますか
明後日の午前中なら大丈夫です
西野さん近日中にケース会議をしますがご予定はどうです？
わしの予定はどうにでもなるわな
五月二日
めぐもり園
杉浦と本沢です
あっ 草加先生来られてたんですね
佐藤理事長にご挨拶に来たんだ
理事長室
今日夕方のケース会議に二人も出席の予定だね
草加先生に急遽《きゅうきょ》スーパーバイザーをお願いすることにしました
昨夜電話でね明日来るならスーパーバイザーやってよって

ケース会議資料

日時　20X9年5月2日（木）

場所　特別養護老人ホームぬくもり園会議室

ケースの経緯

氏名　和田安男（91歳）、花代（89歳）、長女時江（65歳　他県に在住）

20X6年2月　　：花代が要介護4（脳梗塞で入院、退院時）と認定される。安男が、最初に相談に行った時の市役所職員の対応に怒り、サービス導入を拒否。サービスの必要性の説明をした結果、週に1回、訪問看護のみを導入することになった。

20X7年3月24日：担当ケアマネジャーより、安男が花代の介護を充分できていない、ネグレクトではないかと地域包括支援センターに相談。訪問し、安男と花代の面接。自治会長西野氏の協力のもと様子を観察することになった。

20X9年2月27日：西野氏より、安男が相当疲れていると担当ケアマネジャーに相談。包括に連絡があり、訪問面接するが、サービス導入は頑なに拒否される。

20X9年4月28日：午前10時30分頃、安男が花代の首に手をかけた瞬間、長女が帰宅し発見。大事に至らなかった。

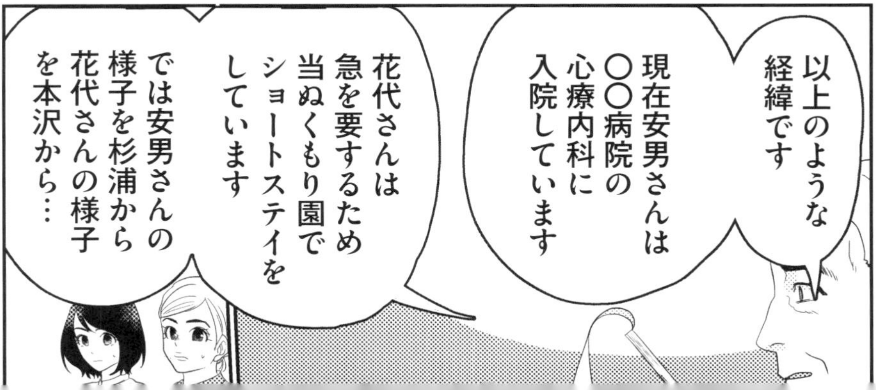

今日 面会に行ってきましたがまだ精神的にかなり不安定な様子です
花代さんに手をかけてしまったことを大変悔やんでおられ
何度もうわごとのように花代さんの名前を呼びすまなかったとおっしゃっていました
花代さんは食欲もなく元気もありません
やはり安男さんがとても心配な様子でいつ夫は帰ってくるのかと日に何回も聞いてこられます
花代さんは早く家に帰って安男さんと暮らしたいようです

担当ケアマネジャーの小林さんからもお願いします
もう限界だと思います
花代さんの特養*入所を進める時期かと
娘さんもそれを望んでます
うんうん
えっ 二人を引き離すの？
私は安男と兄弟のように育ちました
家族ぐるみのつき合いで二人のことはよく知っています
二人を引き離すと次の問題が起こりそうで
何とか別の方法はありませんか？
ダッ
もうそんなことを言っている場合ではないでしょう！
今回は未遂で終わりましたが娘さんの帰宅が数分でも遅れていたら花代さんは死んでいたんですぞ
花代さんを安全なところに保護すべきです
今後二人を会わせるべきではない
警察係長
まるで犯罪者扱いじゃない！
西野さん 二人を引き離すと次の問題がと言われましたがどんな問題ですか？

＊特養……特別養護老人ホームの略称。

安男夫婦は二人で一人なんです
いま花代さんは食欲がないそうですが 安男が食べさせると食べるはず
このままだと花代さんは衰弱死しかねない それに安男は自殺しますよ
つまりまた二人で暮らすということですね
やはり花代さんは特養に入るしかないのでは？
何よこの人たち！これでもプロなの？もう我慢できない！
あなたは安男さんに犯罪者になれと言うのか！
皆さん…
ガタッ！
もういい加減にしてください!!

よくもまあ安男さんや花代さんの気持ちを置き去りにして…
どうすれば一緒に暮らせるか
どうすれば安男さんが在宅サービスを受け入れてくださるか
最大限 当事者の気持ちを尊重し望みがかなうように力を尽くすのが私たちの仕事じゃないですか！
一緒に暮らすことを望んでいるのに引き離すと二人を苦しめることになりませんか？
一緒に暮らしながら今回のような事件をどう防ぐかを考えるべきじゃないんですか!?

＊包括……地域支援包括センターの略称。

彩香 すごい迫力だった 警察係長の渋い顔してやったりだね
よく言ってくれたね 僕ならあの迫力では言えなかったなあ
他の人も警察の人の言葉にうなずくからもう腹が立って
方向性は正しいと思うがこれから大変だぞ
杉浦 毎日爺さんのところに通って 在宅サービスを受けるよう働きかけろ
小林くんは花代さんの担当ケアマネだからな
虐待ケースとして爺さんには包括の杉浦が関わる 権利擁護は社会福祉士の仕事だ
わかりました
こんな時間か
ゴールデンウィークだしもう帰ろう
草加先生もありがとうございました
先生 ありがとうございました また会いに行きますね
ペコリ
杉浦さん
ちょっと飲みに行くか

お疲れさま！
トンちゃん
先生 私 安男さんを説得できるでしょうか？
ここは居酒屋 誰が聞いてるかわからないから 実名を出さない
すみません
で 説得って？
サービスを導入するという説得です
NO!
サービス 在宅介護
今までいろんな人が説得して駄目だったのでは？
そうですね
でも 今とても後悔されているので説得のチャンスかもしれません
なるほど
じゃあ 作戦を練るか
コトリ

作戦？
きょ
そう 彼が自分で
サービスを導入したいと
思えるような
楽に説得できる作戦
どんな
作戦ですか？
ずいっ
それは杉浦さん
君が考えること
これ美味しいよ
食べて食べて
先生のいじわる…
僕にはそんな作戦
思い浮かばないよ
彼がどうして
頑なにサービスを
拒否してきたかを
聴いてみないとね
どうして頑なに拒否…

要点・解説　当事者を理解するスイッチ

未遂に終わったとはいえ、とうとう事件が起こってしまいました。花代さんの担当介護支援専門員（ケアマネジャー）である小林さんは、地域包括支援センターに再三相談していました。また、和田さん夫婦とは懇意な間柄であった自治会長、西野さんの協力も得ていました。特に西野さんは、事件が起こるのではないかと、ずいぶん心配しながら日々見守っていたようです。それにもかかわらず、どうして防ぐことができなかったのでしょうか。

当事者を理解するということ

まず、暮らしや人生の支援が、どのようなプロセスで展開するのかを確認しておくことにします。

✤援助のプロセス

- ニーズ発見・アウトリーチ
- アセスメント
- 援助計画の作成
- 援助の実施・モニタリング
- 評価・終結

①ニーズ発見・アウトリーチ	地域へ出向いて、援助が必要にもかかわらず自ら援助を求めることができない人や地域に存在する課題を見つけ出す
②アセスメント	情報を収集して、当事者や地域の状況を全体的に把握、分析し、援助計画作成にあたって事前に評価する
③援助計画の作成	具体的にどのような援助をしていくかの計画を、当事者と一緒に作成することで、当事者と必要なサービスを結びつける
④援助の実施・モニタリング	計画どおり援助を実施できているか、ニーズに変化はないか、計画どおりの援助でよいかなどの点検をする。ニーズや計画の変更の必要が出てくれば、アセスメントに戻る
⑤評価・終結	モニタリングを繰り返し、目標がどれだけ達成されたかを当事者と一緒に評価する。そして、終結の準備を進める

どの段階においても、当事者を理解しようとすることが最も大切になります。いつなんどきでも当事者を理解しようとしないことには、対人援助ははじまりません。そういった意味で、**当事者の理解は、日々の対人援助のスタート地点**なのです。

✤当事者の気持ちができあがってきた人生の物語

さて、和田安男さんの気持ちを、周囲の人たちは理解しようとしていたのでしょうか。

自分を逮捕した安男に逆恨みした強盗犯。刑務所から出所し、非番で連れ立って買い物に出た安男家族を襲う。幼い時江を守ろうとした安男の背中にナイフを握りしめた強盗犯が突進。「やめて！」とその間に立つ花代。花代は腹部を刺され重傷を負う。生死の境をさまよう花代。安男は三日三晩飲まず食わず、ベッド脇で花代の手を握りしめ祈った。そして安男は、奇跡的に助かった花代に誓う。

安男「命がある限り、俺がこの手でお前を守る」（本書一八～一九ページ）

安男さんの場合、自分が警察官であったがゆえに刺傷事件の被害者となった花代さんに対し、負い目もあったのでしょう。奇跡的に助かった花代さんを命ある限り守ろうと誓います。そして、花代さんが病気で倒れ、介護が必要になると、自分を犠牲にしながらも一途に世話を続けていきます。このような安男さんの人生の物語ができあがりました。

✤当事者を頑なにさせる周囲の人たちの思い

そもそも安男さんは、頑固な性格のようです。しかし、だからといって、未遂事件の責任を安男さんだけに押しつけることはできません。対人援助職は、相手の性格にかかわらず、どのような人でも援助しなければならないのです。ですから、**このようなことが起こることを予測していながら、防ぐことができなかったこちら側にも、責任はある**ということになります。

では、何が安男さんをこんなに頑なにさせたのでしょうか。直接のきっかけは、花代さんが脳梗塞で要介護状態になった時、最初に相談した市役所の職員が高飛車な対応をしたからかもしれません。しかし、それだけではなかったように思われます。小林さんや地域包括支援センターわかばの職員、それに西野さんの安男さんへの関わりはどうだったのでしょうか。

西野「だけど、もう限界じゃないのか？　玄関を開けたら、すごい尿臭だったぞ。それに、この洗濯物とゴミ…やっさん、顔色も悪いし、寝てないんじゃないか？」（本書一四ページ）

確かに、安男さんによる花代さんの世話は不十分だったのでしょう。疲れも限界にきていたのでしょう。だからこそ、周囲の人たちは、何とかサービスを使うべきだと働きかけることになりました。つまり、周囲の人たちの「**何とかサービスにつなげてやろう**」**という**「**下心**」とも言える意図があったのです。そうした意図が、ただでさえ頑固な安男さんを、意地でも花代さんの世話をしようと、よりいっそう頑なにさせたのかもしれません。

西野さんは、自治会長であり、安男さんと懇意な関係の一人の地域住民であって、対人援助の専門職ではありません。しかし、ケアマネジャーの小林さんやわかばの職員は、専門職としてできることはなかったのでしょうか。

当事者の気持ちを置き去りにしない

当事者の理解が日々の対人援助のスタート地点であることは前述しました。当事者を理解する「視点」については、第1話の要点・解説で示したように、現在見えている問題だけを見るのではなく、人生という歴史を伴う背景を見て、その中で築かれた当事者たちの関係性や気持ちにも着目することが大切になってきます。

しかし、援助者も人の子、現在見えている問題だけがクローズアップされ、そのことによって援助者自身が困難を感じているのであれば、なおさらその問題にとらわれてしまいます。

ケース会議で、小林さんは担当ケアマネジャーとして、もう限界であり花代さんの特養入所を進めるべきだと言い、市の介護保険課の職員、訪問看護師も同調しました。そして、警察係長は、迫力のある声で、花代さんを安全なところに保護すべきで、今後二人を会わせるべきではないと結論づけようとしました。

現在大きくクローズアップされている事件の再発を防ぐという観点だけで物事をみれば、安男さんと花代さんを引き離すべきでしょう。それも一つの答えです。しかし、安男さんと花代さんの人生、二人の絆、今後の二人の暮らしに焦点を合わせ、対人援助の「視点」からみれば、必ずしも引き離すことが正しいとは限りません。

今回の場合は、「命」が関係する問題ですので、確かに制度に則り虐待ケースとして慎重に取り扱う必要があります。しかし、「虐待ケースの取り扱い」というある種の権威を笠に着て、援助者自身の考え方やそれぞれの専門領域での判断ばかりを主張すると、当事者の気持ちを置き去りにすることになりかねません。**援助者は、なぜこのような問題が起こったのか、そもそも当事者はどのような関係性でどのような気持ちなのか、そして将来どのような暮らしを望んでいるのかを、しっかり理解するためのスイッチを入れる必要がある**のです。

〈資料〉在宅介護を支える主なサービス・事業者・機関

■訪問系サービス　専門職に自宅へ訪問してもらって利用するサービス

訪問介護（ホームヘルプ）	ホームヘルパーに自宅を訪問してもらい、食事や入浴、排泄など日常生活上の介護や、料理・洗濯などの生活援助を受ける
訪問入浴介護	介護専用浴槽を自宅へ運び、入浴サービスを受ける
訪問看護	看護師などに自宅を訪問してもらい、療養上の世話や診療の補助などを受ける
訪問リハビリテーション	理学療法士（ＰＴ）や作業療法士（ＯＴ）、言語聴覚士（ＳＴ）に自宅を訪問してもらい、心身機能の維持回復、日常生活の自立に向けた訓練を行う

■通所系サービス　自宅から施設へ通うことで利用するサービス

通所介護（デイサービス）	施設に通い、日常生活上の介護や機能回復のための訓練、レクリエーションなどを行う
通所リハビリテーション（デイケア）	介護老人保健施設、病院、診療所などに通い、心身機能の維持回復を図り、日常生活の自立に向けた訓練を行う

（※実際、通所介護と通所リハビリテーションは、内容がよく似ている）

■短期入所系サービス　入所・入居施設へ期間を決めて入所するサービス

短期入所生活介護（ショートステイ）	家族が一時的に介護できなくなった場合などに、特別養護老人ホームなどに短期間入所し、食事や入浴などの日常生活上の介護を受ける

■居住系サービス　特定の施設に入居して利用するサービス

特定施設入居者生活介護	介護保険の事業者指定を受けた有料老人ホームやケアハウス、サービス付き高齢者住宅（サ高住）などで生活しながら介護を受ける

■**住環境の改善**　自宅を介護に便利な環境にするサービス

福祉用具貸与	介護用ベッドや車いす、床ずれ防止用具など、在宅生活を支える用具を借りる

その他、その地域に住む住民だけが利用できる「小規模多機能型……」「地域密着型……」などといったサービス、福祉用具購入や住宅改修の費用が支給されるサービスなどもある。これらのサービスを提供するのが「居宅サービス事業者」である。

■**居宅介護支援事業者（ケアプランセンター）**　サービスの調整をする事業者

福祉・医療・保健など介護に必要な幅広い知識をもった介護支援専門員（ケアマネジャー）が、要介護認定された人が適切なサービスを利用できるよう、本人や家族の要望を伺いながら、ケアプランの作成や見直しを行う。また、居宅サービス事業者や施設との連絡調整を行う。

■**地域包括支援センター**　高齢者介護の総合相談窓口、地域包括ケアシステムの要となる機関

地域住民の保健・福祉・医療の向上、虐待防止、介護予防マネジメントなどを総合的に行う機関。社会福祉士、保健師、主任介護支援専門員（主任ケアマネジャー）などが置かれ、専門性を活かして相互に連携しながら業務にあたる。要介護の人を対象とする居宅介護支援事業者に対し、地域包括支援センターでは、要支援の人の介護予防マネジメントを行う介護予防支援事業所としても機能する。

高齢者介護に関して、地域住民が最初に相談できるところであり、居宅介護支援事業者の介護支援専門員（ケアマネジャー）の相談に応じ、支援をするところでもある。また、介護だけではなく、医療をはじめさまざまな生活支援が継続的かつ包括的に提供される地域包括ケアシステムを推進する要となっている。法律上は、市町村事業である地域支援事業を行う機関であるが、外部への委託も可能である。

第4話

人生に寄り添う

七月一五日
またそんな顔して今日もうまくいかなかったのね
道代さんの胸の内はわかるのですが 私の胸がいっぱいで…
面接するたび自信がなくなります
一度あの子に相談してみたら?
それで花代さんは何と言われました?
俺の石頭は天下一品だとぬかしやがる
アハハ!
どうもありがとう杉浦さんのおかげで父がこんなに明るくなりました
ヘルパーさんが来てくださる間は外出もできますし
アハハ…
私は
あんなに笑えない…

杉浦さん
ちょっと
相談が
あるんだけど
少し時間
ある？
あ　はい
ミーンミンミンミン
どうしても私
道代さんの
話が聴けないの
自信をなくして
このごろは顔を
見るだけで
気が重くなって
話を聴いてる時
中島さんは
どんな気持ちに
なるんですか？
もともと面接って
苦手なんだけど
道代さんの面接の時は
亡くなった彼のことを
思い出して胸がいっぱいに
なってしまうの
胸がいっぱいって
言いますと？
彼と一緒だった時の
心の温かさが
崩れていくような
感覚に支配される
っていうか
やり場のない
つらい気持ちで
胸がいっぱいに
なるの
そうなんですか
どうしよう
この手の話
苦手…
ごめんなさいね
自分で解決すべき
こととわかってる
仕事として
割り切って
上手に面接できる
ようになりたいの

あなたは安男さんの話を聴いて あんなに元気にすることができたでしょ どんなふうに聴いたのか教えてほしいの
Before
After
安男さんの話か …よかった
安男さんとは最初からうまくいったわけじゃないんですよ
花代はどうだ? 元気にしてるか?
食欲がなく 夫はいつ帰るのかと毎日聞かれます
さびしそうな様子です
そうか
和田さん あと一週間ほどで退院できるそうですが その後のことを一緒に考えませんか?
ギロッ
お前もヘルパーに花代の介護を任せろと言いに来たのか?
俺はとにかく早く帰って花代の世話をしなきゃならないんだ
今だって花代が施設に入っているのがいたたまれない
そんな話だったら帰れ!

はじめて一人で面会に行った時は簡単に追い返されました
それで次の日作戦を練っていったんです
また来たのか花代はどうだ？
花代さん今日は少し食欲があったそうですよ
そうか よかった で またヘルパーの話をしに来たのか？ それなら帰れ！
違いますよ
和田さんが花代さんを思う気持ち一途だなあって思って
和田さんにとって花代さんはどんな奥さんでどんな女性なのか私の将来のために聴かせていただきたくて来たんです
ガサゴソ
なるほど 先を急がず安男さんの気持ちを知ろうということね
これ 私の大学の先生が書かれた本なんですけど
対人援助職の燃え尽きを防ぐ

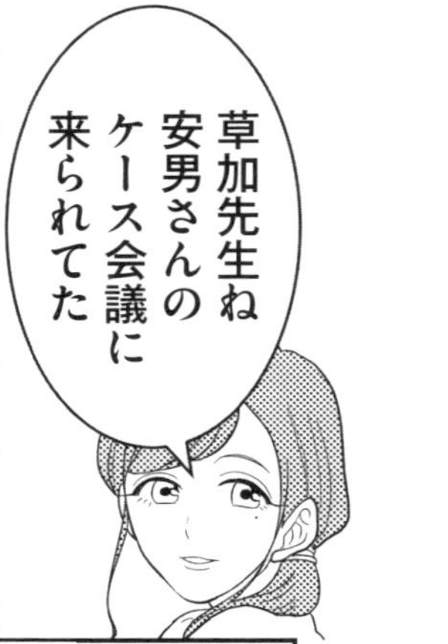
草加先生ね安男さんのケース会議に来られてた

第二章のポイント

相手の気持ちを考えるということ

- 相手にも人生（歴史）があり、今の気持ちの背景がある
- 相手の歴史を考え、気持ちに配慮してかかわる
- それをしないことには、相手もあなたも気持ちに悪循環を起こす
- 相手の気持ちを考えることは、相手の気持ちを理解することにつながる
- 相手を理解することは、対人援助のスタート地点になる　（『対人援助職の燃え尽きを防ぐ』より）

これを読んで安男さんの歴史というか人生をよく聴かないとって思ったんです
ペラッ
安男さんはそれを語ってくれたの？
話し出すと止まらなくて
安男さんの花代さんに対する気持ちって ほんとに純粋だと思いました
そうなの
パタン
聴いてみないとわからないものですね
記録だけではわからないそれに どうすれば安男さんが花代さんのお世話を続けられるかと思うようになったんです
へぇー そうなんだ それで？
三回目に面会に行った時 安男さんに花代さんのお世話をしていて困ったことを聴いたんです

体がついてこない
もう歳だ
体力には自信があったが
若い頃は二〜三時間も
寝れば大丈夫だったが
花代さんのお世話を
するために
体力をつけないと
いけないですね
そうだな
体力をつける
リハビリに
通いたいなあ
それ
いいですね
でもその間
花代さんは
どうします？
そうだな
ヘルパーに
みてもらうか
俺が体力をつける
ためだから
花代も許してくれる
だろう
それで私
根本的な間違いに
気づいたんです
ヘルパーに任せると
花代さんが嫌がるから
任せたくなかったんです
それに自分の役割を奪われる
からと 頑なに拒否されて
いたんだと思います
花代さんの世話を
続けるためなら
全然抵抗が
ありませんでした
私
びっくり
しました

なるほど
私も
びっくり
フム
気持ちを理解せず
サービスを導入
しようとすると
相手を頑なに
させてしまうのね
道代さんの場合は
ちょっと違うけど
私とは違う
道代さんの気持ちを
理解することが
大切なのね
参考になる気がする
杉浦さんありがとう
地域包括支援センター わかば
あれから三か月
経つのに
まだ息子さんに
会えてないの?
すみません
忙しいみたいで…
あなたまさか
息子さんに会いたく
ないんじゃない?
バレてる
いえ そんなことは
今週中に何とか
約束を取りつけます
うまく面接
できるかなあ
さあ
お上がりください
お忙しいのに
申し訳ありません

邦彦さんはピアノを弾かれるんですか?
いえいえ私は弾きません
父が早くに亡くなり母は女手一つで姉と私を育ててくれました
亡くなった姉が小さい頃習っていましてね
姉も中学三年生の時に亡くなりました母にとっては私だけが生きがいだったと思います
もう一七年前のことですが…
私は離婚して実家に帰ってきましてね
重い話…こういう時どう返せばいいんだ
母はパートを辞め専業主婦として私の身の回りの世話をしてくれるようになったんです
実は私は母をね母として女性として一人の人間としても尊敬しています

どうしよう
うなずくことしか
できない
何か気の利いた
言葉を
返さないと
気丈な母なんです
その母が
物忘れは激しくなるし
お尻を出したままでも平気だし
正直
戸惑っています
……
話すって
気持ちいい
ものですね
小林さんの
顔を見たら
なぜか
話したく
なりました
邦彦さんには
お礼を言われたけど
ただ聴いただけ
気の利いた
応答なんて
全然できなかった
小林さんじゃ
ないですか
日曜日なのに
お仕事ですか?

吉野スエさんの息子さんの面接をしたんだ
ストン
スエさんのことや自分の気持ちを話してくれたのに僕は全然応答できなかった
自信がなくなって自分に嫌気がさしてきて
それで深刻な顔をされて…
でもいっぱい話されてよかったじゃないですか
僕の顔を見たら話したくなったって
そうなんですか
ということはきっと話しやすかったんでしょうね
そうかなあ…
小林さん優しい感じだし否定せず何でも聴いてくれそうな雰囲気ありますよ
そうだ！
中島さんもうまく面接できないって悩んでたし三人で勉強会しましょうよ

本書は、まず、対人援助職に就いた人たちが、しんどくなること、さらにはしんどくなって職を離れることを少しでも防ぎたいという思いで書きました。そして、防ぐ方法として「専門性を身につけること」を念頭に置いています。

ヴヴヴヴ
はい
小林です
えっ
花代さんが
救急車で？
すぐ
行きます
中央総合病院
花代さんの
容態は？
今検査中で
まだ何とも…
花代さんの
お身内の
方ですね
はい
他に
お身内の方が
おられたら
すぐ病院に
来てもらって
ください
脳梗塞の
再発です
率直に申し上げて
明日の朝を
迎えられるかどうか
というところです
うう…

うううぅ〜〜っ
地域包括支援センター わかばです 小林さん?
そうですか わかりました 所長にも連絡を 入れておきます
花代さん なのですが 明日の朝を 迎えられるか どうかだ そうです
そんなに 悪いの…
そうだったのか それはご苦労さん だった
今日はもう帰れ
俺は 明日早めに 出勤して 小林くんからの 連絡を待つ

台風8号接近
トゥルルルル
地域包括支援センターわかば佐藤です
そうか
小林です時江さんから先ほど連絡がありました
花代さんはお身内の方々や西野さんたちに見守られて
明け方亡くなられたそうです
君も昨夜遅くまで病院にいたんだろご苦労さま
それで爺さんはどうなんだ?

昨夜は
相当参って
おられました
時江さんからの
電話では
病院の長いすで
横になっている
そうです
通夜や葬儀の
詳しいことが
わかったら
また連絡をくれ
わかりました
このたびは
ご愁傷さま
です
突然のことで
ご丁寧に
ありがとうございます
安男さん
花代さんのために
張り切って
リハビリも
されてたのに
そうですね
父はとうとう
寝込んで
しまいました
安男さんに
お会いするのは
また日を
改めますので
ありがとう
ございます

これからどうやって
安男さんに関わって
いいかわからない
ズ
ツ
お姉ちゃん
はい
ワイン
お姉ちゃん
困ってどうしようも
ない時は素直に
頼ったらいいんだよ
ヒラヒラ

カサ
ありがとう…
ガンバレ!
キリッ
カカッ
草加先生にメールするか…
先日急に亡くなりま
……安男さんはこのままでは
生きがいをなくして
しまうのではないかと
心配しています。
でも、私はどうすれば
いいのかわからなく
なってしまいました。
先生、助けてください。
お願いします。
杉浦彩香
タン
ピロン
先生 自分で考えないといけないのはわかってる
でも何か一言でもアドバイスをください

ばっ
早《はや》っ！
して、安男さん
ちろんですが娘さんや
野さんに対しても
なたの気持ちは脇に置き、
善し悪しの判断もせず、
純粋に人生に寄り添って
話を聴きなさい。
きっと皆さんの気持ちを
安男さんに届ける方法が
見えてきます。
草加慎二
Re:
私の気持ちは脇に置き
善し悪しの判断もせず
純粋に人生に寄り添う…

要点・解説　人生の新しい物語

漫画でみる限り、一本筋が通った花代さんを思う和田安男さんの気持ちが描かれています。しかし、安男さんの人生は、脇目も振らず、他の人の話には耳を貸さず、一途に花代さんの世話をするだけの人生だったのでしょうか。

人生の物語

まず、人生の物語は、どのようにできあがっていくのかを考えていくことにします。

✤出来事のつながり

人は、人生で経験する出来事を、過去↓現在↓未来という時間軸でつなぎ、物語を形づくっています。また、その物語によって、自分自身と人生を意味づけしています。それらの出来事は、その人の心の中に散りばめられた写真のようなもので、過去のそれぞれの時点での特別な写真がつながり、筋書きができあがるのです。いったん筋書きができあがると、その筋書きの枠組みの中に収まる写真だけがつながれ、物語のアルバムが完成します。*
安男さんの物語というアルバムを図にすると次のようになります。

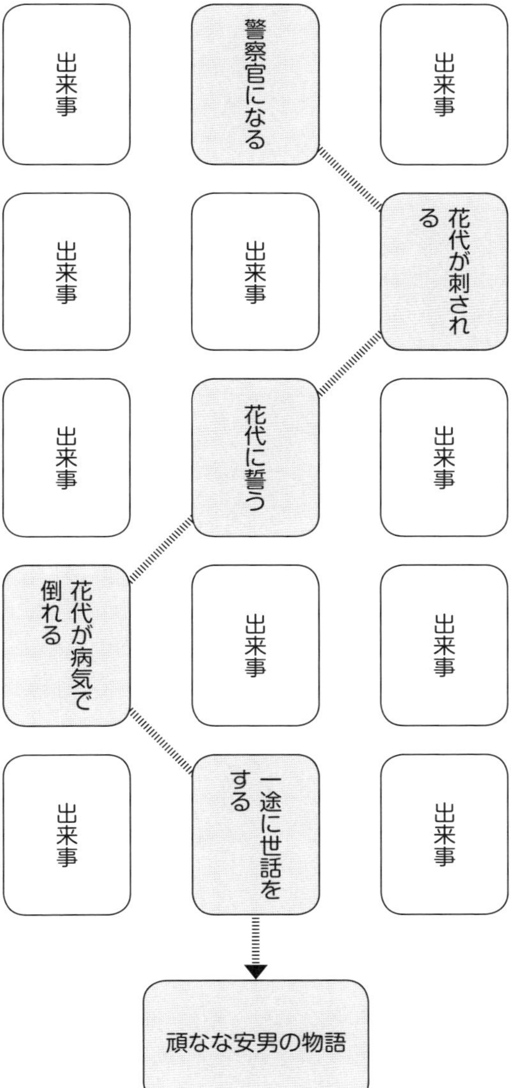

＊川村隆彦『ソーシャルワーカーの力量を高める理論・アプローチ』（中央法規出版、2011年）第10章「ナラティブ理論アプローチ」を参考にした。

安男さんは、奇跡的に助かった花代さんを命ある限り守ろうと誓います。そして、病気で倒れた花代さんに対し、自分を犠牲にしながらも世話を続けていきます。年齢とともに次第に衰えていく自分が歯がゆいことだったでしょう。自治会長の西野さんなど周囲の人たちに、世話を十分できなくなっていることを指摘され、そもそも頑固だった安男さんは、意地でも花代さんの世話をしようと、ますます頑なになっていきました。

✤人は多くの物語を同時に持っている

しかし、人は多くの物語を同時に持っているものなのです。同じ出来事であっても別の物語の中で、別の語り方ができることもあります。

たとえば、安男さんと花代さんには、時江さんという娘がいます。刺傷事件のあと、腸閉塞が起こりやすくなった花代さんは入退院を繰り返しますが、そのあいだ安男さんは、警察官という不規則な仕事を続けながら、時江さんを育てました。

大きくなって事情を知った時江さんは、両親に迷惑をかけないように努力をしていたかもしれません。しかし、西野さん夫婦をはじめ周囲の人たちの手助けがないと、時江さんは学校にも行けなかったはずです。助けてくれる人たちに、おそらく安男さんは感謝の気持ちを抱いていたことでしょう。

このように出来事をつなぎ換えると、また違った物語ができあがるのです。つまり、**安男さんには、「花代さんとの物語」だけではなく、「時江さんを育てた物語」や「西野さんたちへの感謝**

の物語」なども存在するのです。どの物語も安男さんの真実であり、安男さんの存在を形づくっています。

そう考えると、**花代さんの刺傷事件は、安男さんを頑なにさせたきっかけであると同時に、周囲の人の手助けを呼び込み、安男さんが感謝の気持ちを抱くきっかけにもなっている**のです。**安男さんの頑なさを和らげるヒントがここにある**のです。

話を聴く技法

さて、第4話では、中島さんも小林さんも、担当している利用者や利用者家族の話をうまく聴くことができないことで悩んでいました。

ここでは、信頼関係を築き、違った人生の物語を引き出すためにも必要な「話を聴く技法」を整理しておくことにします。これらは、単なる小手先のテクニックではなく、援助関係を築く時の「態度」によって活かされる「技法」なのです。

✤傾聴技法

直接相手とやりとりすることで、相手の気持ちなど**主観的な情報**を得る技法です。

1. 受容	相手が話したことに対して、「はい」「ええ」「そうなんですね」といった意味でうなずき、あるがままに受け止め、共感的に理解することを言う。うなずきは「聴いている」というサインになる。
2. 問いかけ	**開かれた質問**……「その時、どのようなお気持ちだったのですか」「もう少し詳しく状況を聴かせていただけませんか?」など、気持ちや状況を自由に語ってもらう問いかけ。 **閉ざされた質問**……「お薬は飲みましたか?」「朝ご飯は食べましたか?」など、「はい」「いいえ」で答えられるような問いかけ。また、「お名前は何とおっしゃいますか?」「ご家族は何人ですか?」など、決まっている答えを引き出す問いかけ。
3. 感情の理解	相手の気持ちを察し、推測して、「とてもさびしいですね」「悲しいのですね」など言葉で返す。相手が自分で気持ちを言葉に表せば、それを繰り返す。共感していることを伝えることになり、信頼関係が深まる。「**感情の反射**」と呼ばれる。
4. 内容の確認	「○○だったのですね」など、相手が話した内容をそのまま**繰り返す**、**言い換える**、または**要約する**などして確認する。このことによって、真剣に聴こうとしている姿勢や、理解したことを相手に伝えることになる。
5. 問題の明確化	「○○と理解していいでしょうか」「何に一番心の引っかかりを感じておられますか」など、話の要点を整理したり、振り返ることで、問題を明確化する。このことによって、相手も自分の話を振り返り、確認することができる。
6. 励まし	「はい」「ええ」「そうなんですね」だけではなく、「それで」「というと」「なるほど」など、相手が話しやすいように相づちや言葉をはさむことで関心を示し、相手の話を促す。

傾聴の最も大切なポイントとは、善し悪しの判断をせず、純粋に聴くことです。うなずきや相づちだけでは、いつまでも話が終わらないことがあります。これを消極的傾聴と言います。話しているうちに自分自身で頭や心を整理する人の場合は、それでもいいのですが、逆に話しているうちに混乱する人、話が堂々めぐりする人、長話をする人などには向きません。それに対して、積極的傾聴では、開かれた質問で積極的に問いかけ、話を引き出し、内容の確認、感情の理解、問題の明確化をします。

✤観察技法

相手の表情や態度など、言葉以外から、主観的な情報だけではなく**客観的な情報**を得ることができる技法です。

1．言葉以外の情報	○身体的行動……表情、態度、視線、姿勢、動作など ○音声……言葉の調子、話し方など ○外見……服装、髪型、体型など
2．環境観察による情報	○生活の場、職場など……掃除、整理整頓の様子、家具・調度品の配置、段差、洗濯物を干している場所など
3．対人観察による情報	○家族や親戚、近隣住民、友人が同席している時の当事者の態度、その人との関係性、コミュニケーションの様子など
4．状況観察による情報	○家族や親戚、近隣住民、友人などの問題への協力や支援の様子など

しかし、一方的に判断しない、一回の面接で決めつけないなど、やはりここでも、背景を見ようとする「視点」や、援助者自身の感情や価値観を脇に置くという「態度」が大切になります。

視点×態度×技法で形づくる専門技術で援助することは、当事者の人生に寄り添うこと。それは、**当事者が、「話をまるで自分のことのように楽しみ、聴き、プラスに意味づけを変えていく物語に参加してくれている」と感じる援助者になること**なのです。

第5話
スタッフで支え合う

八月七日
ビュオオオ
ただいま！
ほんとに嫌になっちゃう植木鉢も物干し竿も出しっぱなしだし雨戸も閉めてなかったりどこも無防備で
お疲れさん毎回のことだがこれも仕事だ
和田の爺さんはどうだ？
まだ寝込んでおられました
でもトイレに行く足どりはしっかりしておられました
時江さんが四十九日までずっと泊まってくださるとか
西野さんも毎日来られています
とりあえずは安心だな
ただいま帰りました
お疲れさまです
大変だったでしょう
道代さん元気でしたか？
誕生日に合わせて三日間娘さんが帰ってくるのを楽しみにされてた
あら小林さんからメール

そのため、相手を受け入れがたいと
感じたり、苦手意識を持ったり、
相手の気持ちと
重ならせて自分自身の心の傷を
大きくしたり、対人援助はとても
奥深い繊細な仕事なのだと
改めて実感しました。
勉強会を通して自分自身を
しっかり見つめ、三人で支えあって
中島さん パソコン見ながら 何をニヤニヤ してるんですか?
えっ いや
草加先生への 本のお礼状の 文面が来てるの
見せて いただいて いいですか?
ええ どうぞ
へぇ～ 中島さんの 気持ちもよく 汲まれてますね
そうでしょ
小林さんには 私 何も話して ないのに
小林さんって 素敵な文章を書くんだ

明日の勉強会で話してみたらどうですか？
ピン
「勉強会を通して自分自身をしっかり見つめ支え合って」って書かれてるし
そうね 亡くなった彼は個人的なことだけど仕事に支障を来してるものね
あなたと小林さんに聴いてもらおうかな
いつもありがとうございます
ザッ
ザッ
やっと雨があがったからな
これは私の仕事
草加先生の本をテキストに勉強会をしてるんだってね
まだはじめたばかりですけど

ビシッ
今日は お互いに話を 聴き合おうシリーズ 第一弾！
小林さんって 素敵な文章を 書くんですね
素敵だなんて 恥ずかしい
申し訳ないけど 中島さんが手書きで 清書してくれますか
どうして？
僕 とっても字が 下手なんです
ピラッ
ほらっ
こばやししょうた
小林翔太

ぶっ
これ小林さんの字なんですか？
二人ともずいぶん楽しそう
どうされたんですか？
中島さんひどいんだ
僕の字を見て大笑い
確かに下手だけど
こばやししょうた
小林翔太
だって本当に下手なんだもん
ミミズが這《は》ったあとのような字
さあ勉強会をやりましょ
草加先生にお礼状を書くために本を全部読んだんだけど
今まで大きな勘違いをしていたことに気づいたんだ
大きな勘違い？

面接って気の利いた言葉を返すべきと思ってたんだ
そうじゃなくて相手の気持ちを相手側から知ろうとするべきなんだね
第三章のポイント
相手とよい援助関係を結ぶために
•「関係性」を意識する
•相手の気持ちを即座に決めつけない。一つの見方や観察にとらわれない
•想像した相手の気持ちを相手に伝え返すとき、あなた自身の気持ちを返さない
•相手の気持ちを相手の側から知ろうとするスイッチを入れる
先日スエさんの息子さんが小林さんの顔を見たら話したくなったって言ってたでしょ
小林さんは優しい空気を持ってるし面接に気の利いた言葉なんて必要ないのかも
そうかなあただ気が弱いだけなんだけどな
でも邦彦さんにはお礼を言われたからやっぱり何かがよかったのかも
じゃあ相手の気持ちを相手側から知る練習をしてみようか
自分の気持ちを話しては駄目気の利いた言葉も探さなくていい

杉浦さんと話してたんだけど
今日の勉強会は二人に私の話を聴いてもらいたいの
中島さんの話?
中島さんは個人的なことで仕事に支障が出てるようです
仕事に支障?
人に話すべきかわからないんだけど
あなたたちなら大丈夫だと思って
小林さんが主に聴いてくださいね
じゃあ聴く練習をしてみます
実は昨年九月
結婚が決まっていた彼氏が 交通事故で亡くなったの

それで精神的に
つらくなって
一か月ほど仕事を
休ませてもらったの
そういえばあの頃
中島さん休んでた
ハッ
最初の出会いはね
看護大学時代に
アルバイトをしてた
洋菓子店だったの
そこでパティシエの
見習いをしてたのが
同い年の彼
早朝の仕込みから
夜の練習まで
一生懸命でね
そんな
彼に惹かれて
つき合うことに
なったの
数年後 私は
保健師になって
結婚を意識
しはじめたけど
ホテルのレストランに
就職した彼は 一人前に
なるまで結婚できない
って言っててね
ようやく彼が
スーシェフに
抜擢《ばってき》された時に
結婚を約束したの

それで結婚式場での打ち合わせの日
時間になっても彼が来ないの
彼のお母さんから電話がかかってきてバイクの事故で病院に運ばれたって
急いで病院に向かったんだけど…
聴いてくれてありがとう
私が担当している田中道代さんのご主人も
私の彼が亡くなった日と同じ昨年の九月二二日に亡くなってるの

私このごろは道代さんの顔を見るだけで
その場にいることさえつらくなるの
もう少し話してくれませんか?
この返し方ちゃんと聴くからねっていう合図みたい
小林さんとっても優しい空気を出してる
目の前が真っ暗になるような…
目の前が真っ暗になるような…
これから歩いて行こうとする未来が
何の前触れもなく突然消えてしまって一人置き去りにされたような感覚
これからの彼との人生が突然消えて一人取り残された感覚…
上手に言い換えてる
つき合いだしてからやっと二つの道が一つになって二人でその道を歩こうって
ポロ
そう誓い合った未来が突然…

つらいですね
この二人 完全に同化してる
でも今 こうして話して ついさっきまでの 自分と違う 感じがする
違う感じ？
あの馬の絵の二頭は 彼が亡くなってから ずっと彼と私に見えてた
一緒に寄り添って 走るのはいいけど この先に道はなく 奈落の底に落ちる前の 絵にしか見えなかった
でも今あの二頭は 彼と私じゃない 素直にあの絵を見れる
あんなに 話すなんて 私 自分でも びっくり してる
心に 溜まってた 重いものが 客観的に 見えてる… 小林さんと 杉浦さんの おかげね
小林さん とても優しい 雰囲気だったから 中島さんも安心されて…
勉強になりました
気の利いた言葉を 探さなかったら集中して 聴くことができたんです
今日の勉強会 とてもよい体験が できました

ぬくもり
道代さんの娘さんが誕生会を?
ご主人の初盆だし泊まりで来られると
でも私道代さんの顔を見るだけで重い気持ちになってデイに行ってもらえるよう話ができるか心配です
杉浦!
昼から中島と一緒に道代さん宅に行ってらっしゃい
あの子を連れて行ったら何かと役に立つでしょ
ありがとうございます
中島さん道代さんにいい顔で会えそうですか?
このあいだ二人に話を聴いてもらったし大丈夫な気はするけど わからない
会ってみないと

ガチャ
はーい
どうぞこちらです
ガチャ
あら
春にいらしたお嬢さん
ごめんなさい お名前忘れちゃった
杉浦です
道代さん お元気そうで 何よりです ご主人にお線香あげていいですか？
ありがとう そうしてあげて
道代さんの顔を見ても全然重い気持ちにならない
娘に こんなものを もらったの！
明日から デイサービスでしょ 娘がこれをつけてたら さびしくないでしょって
やだほんと この写真 よく似てる
まあ！ それは いいですね
ほんと『幸福の黄色いハンカチ』の 高倉健さんと 倍賞千恵子さん みたいですね
そう？

私 明日からのデイサービスが楽しみになってきたわ
よかった…
道代さんがこんなにうれしそうにデイサービスに行くなんて
私もうれしいわ
そうなのよかったわね
よろしくおねがいします
じゃあお母さん行ってらっしゃい
娘が家にいてくれるでしょ
それに今夜は誕生日パーティをしてくれるから
娘は準備をするんですって
私がいたら邪魔なの
今出発したわ 道代さんとてもうれしそう
よかった
デイで到着を待ってます
ホッ…

デイサービスセンター　ひまわり
道代さん　こんにちは
あら　中島さんと　杉浦さんも　お出迎えなの？
道代さん　はじめてですから　担当の　相談員さんに　紹介しようと　思いまして
山田さん　田中道代さん　です
はじめまして　相談員の　山田です
わからない　ことや　希望でも何でも　僕に言ってく　ださいね
じゃあ　よろしく　お願いします
道代さん　楽しんできて　くださいね
はいはい　楽しんで　きますよ
ウィン

この方は
足立トクノさん
昨日誕生日で
田中さんと同じ
八五歳になられた
ところなんですよ
あら 私は
今日がお誕生日
八五歳よ
田中さんの陶芸は
かなりの腕前
らしいですよ
教えてもらったら
いかがですか？
田中さん
素敵なペンダント
ですね
カチャ
去年九月に
亡くなった夫なの
昨日娘に
もらったのよ
これを持って
デイサービスに
行っておいでって
私も去年
夫を亡くして…
仏壇の中で
夫が家を守って
くれてるから
安心して
デイサービスに
来てるの
帰ったら
いつも夫に
お礼を言うのよ

まあ あなたも？
私もいつも仏壇に話しかけてて
ぬくもり園
うまくいきましたね 私もとってもうれしいです！
カタ
カタ
小林さんとあなたに話を聴いてもらってから急にうまく回転しだしたみたい
杉浦さんありがとう！
小林さんにもお礼のメールを入れておかないと…
カタ
小林さん
私、今とってもうれしいので
先日、話を聴いてもらい、
気持ちがすっきりして、
道代さんとしっかり
向き合えるようになりました……
カタ

ピロン♪
返信はやい
よかったですね。
僕もとてもうれしいです。
吉野スエさんの息子さんに
中島さんの話を聴いた時のような
調子で聴いてみると、息子さん、
大変喜んでくださいました……。
小林さんもうまくいってるのね
なんかとってもうれしい！
今日はいい気分！
お姉ちゃんご機嫌ね
この前のことは解決したの？
ううんまだ
今日は先輩の仕事がうまくいったのがうれしいの
私もうまくいくような気がしてきた
スタッフが支え合ったりうまく連携することってとっても大切ね
対人援助職の

要点・解説　関係の連鎖

杉浦さんが提案した勉強会がうまくまわっているようです。中島さんも小林さんも、勉強会をとおして何かをつかみました。

援助者が一人では克服しにくい問題

対人援助職としての専門技術を身につけ、発揮するにあたり、援助者はさまざまな問題で苦しむことがあります。その中には、自分一人では克服しにくい問題があります。

✤自分を知ることによる心の痛み

中島さんは、結婚が決まっていた彼氏の死の影響で仕事に支障を来しています。無意識のうちに道代さんに深く関わらないようにして、自分自身を守ろうとしているのでしょう。その結果、いつまでも道代さんの話を深く聴けないという悪循環を生じさせてしまいました。しかし、仕事ですので、担当として関わらざるを得ない現状があり、顔を見るだけでつらくなってしまいます。

第2話の要点・解説に示しましたが、中島さんのように、人生の途中ので起こった出来事によって、大きな心の痛みを感じ、自分を直視することを避け、相手との間にバリアをつくってしまうことがあるのです。このような場合、一人ではなかなか解決は難しいものです。

✤専門技術を高めようとする過程での苦しみ

他にも、専門技術を高めようとする過程で、一人では解決が難しいことに直面することがあります。小林さんの場合、勉強会のテキスト『対人援助職の燃え尽きを防ぐ』を読んで、勘違いしていたことに気づいていています。小林さんのように、学習することによって一気に方向転換ができることもありますが、そううまくはいかないことも多々あります。

たとえば、「相手を受け容れなければいけないことはわかっていても、目の前の相手は、今にも殴りかからんばかりに怒っている。どうやって受け容れたらいいのかわからない」「人の悪口ばかりを言う相手が、挙げ句の果ては、私をののしりはじめた。受け容れないといけないことはわかっているので笑顔をつくっているが、腹の中は煮えくり返っている」などです。

✤相手へののめり込み

さらには、「相手がかわいそうで仕方がない」「本当の娘のように頼られ、私も本当のお母さんのように思える」、相手が子どもの場合などは「かわいくて仕方がない」などといった気持ちを抱いてしまい、「私がこの人のために何とかしてやりたい」とのめり込んでしまうことがあります。

こうした気持ちは、援助の動機づけを高めることになりますが、高じてくると、援助者自身の「何とかしてやりたい」という気持ちを満たすための関わりになる可能性があります。こうなると本末転倒です。その気持ちになかなか自分では気づかないものですし、気づいても克服することができにくいものです。

スタッフ同士の関係と援助関係

自分自身では克服しにくいこれらの問題を克服するために、スタッフ同士がいかに支え合うことができるかが問われます。

まずその前に、スタッフ同士の関係と援助関係、あるいは新しいスタッフ関係との連鎖について解説しておくことにします。

✤ヨコの連鎖

スタッフ同士の関係は、そのまま援助関係に連鎖します。たとえば、あなたは、他のスタッフから受け止めてもらったように、利用者や家族といった当事者を受け止めることができるようになります。他のスタッフに支えてもらったように、当事者を支えることができるようになります。逆に、あなたは、他のスタッフに突き放されたように、当事者を突き放すようになります。よくも悪くもスタッフ同士の関係は、そのまま援助関係に連鎖するのです。これをヨコの連鎖と言います。

✤タテの連鎖

あなたは、かつて先輩に育てられたように後輩を育てます。たとえば、あなたは先輩に受け止められながら育ったように、後輩を受け止めて育てます。先輩に支えてもらって育ったように、後輩を支えて育てます。逆に、先輩に突き放されてつらい思いをして育ったように、後輩を突き放してつらい思いをさせて育てます。よくも悪くもスタッフ関係は、新しいスタッフ関係に世代を超えて連鎖するのです。これをタテの連鎖と言います。これは子育てにもよく似ています。

このような場合もあります。「私は、先輩から突き放されてつらい思いをして育ったので、後輩にはそのような思いをさせたくない」。先輩を反面教師にして、後輩には受容的に親切丁寧に説明して育てる。しかし、反面教師は、意識しないと続きません。意識が薄れてくると、後輩に対して「優しくしているとつけあがって！」と、結局先輩か

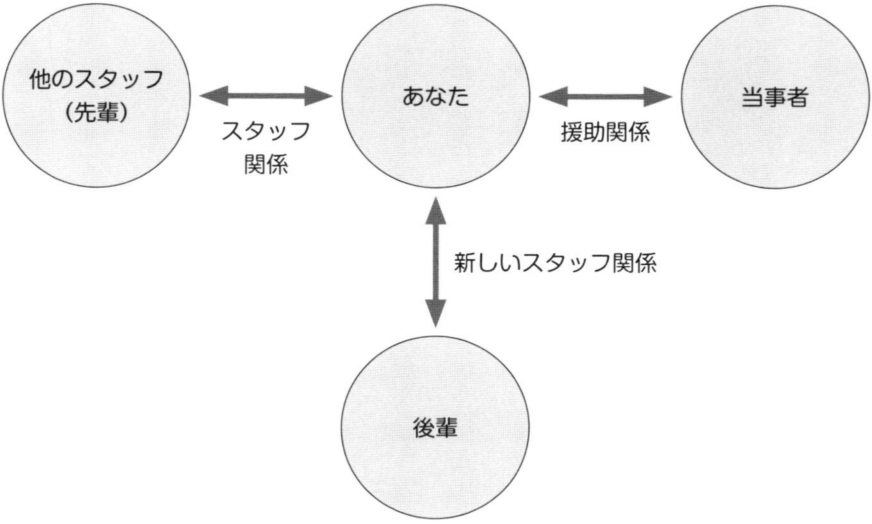

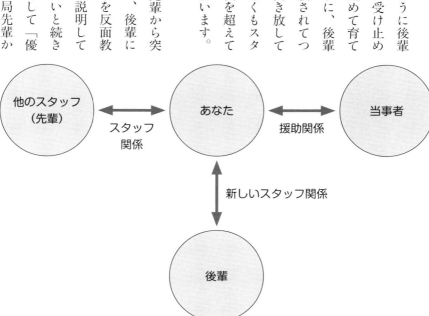

ら突き放されたように、後輩を突き放すのです。連鎖が勝ってしまいます。

✤今あるスタッフ同士の関係の大切さ

ヨコの連鎖、タテの連鎖を考えると、今あるスタッフ同士の関係の大切さがわかります。今あるスタッフ関係がよいものになれば、一人ひとりのスタッフは、よい関係のなかで当事者を援助することができます。また、よい関係のなかで後輩を育てることができるのです。

そう考えると、**スタッフ同士の関係も仕事の関係なのです。仕事の関係である以上は目的があります。目的があるということは、意図的に築く関係なのです。**

つまり、スタッフ同士の関係も、第2話の要点・解説で示した援助関係形成の原則で築いていくのです。するとそれが、援助関係や新しいスタッフ関係に連鎖していきます。

援助関係形成の原則

①プライバシーに留意することで安心を与える（秘密保持）
②感情に応答することで自分の気持ちへの気づきをもたらす（意図的な感情表出）
③援助者自身の感情や価値観を脇に置く（統制された情緒的関与）
④あるがままを受け止める（受容）
⑤決して裁かない（非審判的態度）
⑥一般論で片づけない（個別化）
⑦あくまでも側面から援助する（自己決定）

さて、中島さんは、小林さんと杉浦さんに話を聴いてもらい、心の中にある重いものを少しおろすことができたようです。

一人では克服しにくい問題の克服

✤支え合おうとするスタッフ同士の関係

それは、杉浦さんが心の中で「この二人、完全に同化してる」と思ったように、小林さんが、気の利いた言葉を探すことなく、何も評価を加えず、純粋に中島さんの気持ちに寄り添った結果だと言えるでしょう。また、杉浦さんが見守っていたことで、中島さんは安心して話すことができ、小林さんも安心して聴くことができたのでしょう。

こうした支え合おうとするスタッフ同士の関係によって、中島さんは、自分一人では克服困難であった問題を克服するきっかけをつかむことができました。そして、今後、「何かがあっても支えてくれる仲間がいる」という安心感につながり、その困難に立ち向かうことができるようになります。これが関係の連鎖によって一人では克服が困難であった問題を克服するメカニズムなのです。

✤組織やチームで行う対人援助

よくも悪くもヨコの連鎖やタテの連鎖が起こると前述しました。よい連鎖が起こるといいのですが、よくない連鎖が起こると、それぞれの援助者は窮地に追い込まれることにもなりかねません。

対人援助は、人の暮らしや人生を支える仕事ですし、深くて繊細な援助関係を築く仕事ですので、一人では克服困難な問題を抱えてしまうことは必ずある、と考えたほうがいいでしょう。そう考えると、常に組織やチームの仲間でよい連鎖が起こるように、スタッフ同士の関係をよいものにするということがとても大切になってきます。**対人援助は、組織やチームでスタッフ同士が支え合い行うもの**なのです。

第6話
確かなやりがい

九月一八日
一人で抱え込まなくていいんだ
ピンポーン
安男さんには時江さんも西野さんもいる
安男さんと支える人たちを信じればいいんだ
和田さん西野さんこんにちは
ちょっと痩せただろこんなに頬がこけてしまった
本当ですねでも顔色はいいですよ
花代さんにお線香をあげてもいいですか？
おおそうしてやってくれ
もう来週は四十九日早いわねえ
本当だな

やっさん
少しは元気に
なったんだが
なかなか
食欲がなあ
うーん
むぅ
ところで
時江さん
和田さんって
どんなお父さん
だったんですか？
そうねえ 母には
厳しかったけど
一人娘の私には
甘い父でしたよ
家事もよくしてくれる
家庭的な父で
高校生の時まで私の
弁当をつくってくれたり
しました
それで
あの日のこと…
母の事件のことは
私にはいっさい
話してくれません
でした
私を守ろうとして
母が刺されたから
私に嫌な思いを
させたくないんだと
母がよく言ってて…
娘思いの優しい
お父さん
だったんですね

それに真面目でまっすぐな人間とはこういう人を言うんだと父は背中で教えてくれました
やっさんは真面目でまっすぐで曲がったことは大嫌いだったな
わしにとっては正義の味方だった
子どもの頃いじめられると助けてくれたのはやっさんだったし大人になってもずっとそうだ
だから恩返しをしたいとずっと思っていました
それが今なんだとこうして毎日顔を見せてます
時江さんにも西野さんにも和田さんはかけがえのない人だったんですね
和田さんお話を聴かれていかがですか？
コホン
花代が病気で倒れてから俺は意固地になっていたようだな
時江や京三は目に映ってなかった

今話を聴いて いろいろと 思い出した
考えてみれば
必死に花代の 世話をしてきたのも 俺の人生だが
それをずっと 心配しながら 見守ってくれた お前たちが いたんだ
ありがとう
今やっと お前たちに 助けられてることを 実感できた
何を言ってるの 私たちこそ お父さんに 支えられて 生きてきたのよ
私も この人たちに 支えられてるし 育てられてる

バタン
おはようございます！
めずらしい
元気に挨拶して
今日は松坂さんに報告があって来ました！
邦彦さんはスエさんがデイサービスを利用するのを許してくださって半日だけ試しに利用してみたんです
ほんとに？
とにかく楽しかったようで夜 邦彦さんにしきりにデイの様子を話していたそうです
昼間のことを夜になっても覚えていることに僕は驚いたのですが
で 訪問介護は中止し 週二回デイを利用することになりました
このごろスエさんや邦彦さんのことを気にかけていたご近所の方々が親子の様子が変わってきたのを感じたんでしょうね
晩ご飯のおかずを差し入れしてくれるようになって 玄関に座り込んで話し込まれているようです

小林くん やるじゃない！
ただいま
あれ？ 何かいいこと あったん ですか？
そうなのよ
スエさんが デイを利用することに なったって 小林さんから 聞いたばかりなの
そうなんですか よかったですね 小林さん！
で 安男さんは どう だったの？
安男さんは ずっと 花代さんの 食事の世話を されてたし
健康で充実した生活を支え
一人暮らしの料理教
とき 20xx年10月7日、14日、21
午前10時～午後1時
場所 特別養護老人ホームぬ
多目的ルーム
内容 第1回 ○○○○
第2回 ○○○○
第3回 ○○○○
参加費 1回500円
一人暮らしではない方も大歓
括支援センターわかば
せ わかば(34-72○6)
まだ具体的に 話し合った わけじゃ ないんですが
時江さんと西野さんは 安男さんへの思いを 話して それを聴いた 安男さんが二人に お礼を言われました
時江さんが 安男さんにお弁当を つくってもらってた と聞いて これを 紹介しようかと
ああ 新しい 介護予防事業ね 安男さん 乗ってくるかな？

さあ まだ わからない ですけど…
そうだ 道代さんにも すすめて みようかな 井本さんから 話をして もらったら いいか
デイサービスセンター ひまわり
道代さん こんにちは
スエさん もう すっかり デイサービスに 馴染んだ のね
だって たくさんの人がいて 楽しいんですもの 職員さんも 優しくて 面白い人ばかり
あなたも 朝から 来たら いいのに
そうねえ 中島さんに 相談して みようかな
吉野スエさーん お風呂ですよー
じゃあ お風呂に 入ってきます
あら
道代さん いらしてたの？

今日も陶芸を教えてくださるんでしたね
はいはいわかってますよ
道代さんこんにちは
デイサービスはいかがですか？
あら中島さん
トクノさん私の担当の中島さん
足立トクノです
道代さんは私の陶芸の先生なの他にも三人の生徒がいるのよ
道代さんすごいじゃない
道代さんはすっかり陶芸の先生になってしまいましてね
上手に教えていただけるから皆さん喜んでおられます
主人が陶芸をするようすすめてくれたたから…
そうそう中島さん私いまデイはお昼だけだけど 朝から一日利用できないかしら
朝から一日利用したくなっちゃったの？

吉野スエさんがすすめてくださったの
だってお友だちがいっぱいできて楽しくなってきたんですもの
スセンター
じゃあ朝から夕方まで利用できるようにしましょうか
娘さんにも連絡を入れておきますね
先日安男さんと時江さん西野さんの話を聴いて思ったんですけど
19：00
本に書いてあるとおり対人援助ってそもそも援助する人とされる人の支え合いなんですね
安男さんを支えていた時江さんや西野さんも安男さんに支えられて人生を送ってきたようですし
私自身あの人たちを援助しているつもりだったけど 結局あの人たちに支えられ育てられてたんだなって
第三章のポイント
そもそも対人援助とは
• 対人援助の原点……援助する人とされる人の支え合い
• 対人援助の本質……人と人との無意識のつながり、すなわち「関係性」
19：00

僕もそうだな
この勉強会できっかけをつかんだけど 邦彦さんが次第に心を開かれて
僕を頼りにしてくださることで 自分は無力だと思っていたのに誰かの支えになることができるんだって思った
そう思ったら成長したように感じたよ
対人援助職の燃え尽きを防ぐ
私はまだ道代さんに支えられてるって感覚はないんだけど道代さんの変わりようを見てると確かなやりがいを感じる
その土台になってるのが小林さんや杉浦さんそれに民生委員の井本さんみな私を支えてくれてる
援助する人もされる人も援助する人同士も援助される人同士もみなお互いに支え合ってますすね
そういう無意識のつながりが大切なんだ
無意識だからつい気づかず通り過ぎるけど時には立ち止まって意識してつながりを感じて感謝しないといけないかも

それじゃ
お疲れさま!
駅じゃなくて
家まで送るよ
ずいぶん
たくさんの
お買い物ですね
今日は
久しぶりに
すき焼きだ
時江さんは
来れないんだが
わしの家内と三人でな
やっさんがお前たち
夫婦にすき焼きを
食わせるって
ガサ
ガサ
和田さん
今度わかばで
こんなことするんですが
来られませんか?
健康で充実した生活を支える
一人暮らしの料理教
とき　20xx年10月7日、14日、2
午前10時～午後1時
場所　特別養護老人ホームぬ
多目的ルーム
内容　第1回　〇〇〇〇
第2回　〇〇〇〇
第3回　〇〇〇〇
参加費　1回500円
一人暮らしではない方も大歓迎。
もちろん送迎付きです。
お誘い合わせの上ご参加ください!
主催　地域包括支援センターわかば
お申込・お問合せ　わかば(34-72〇6)

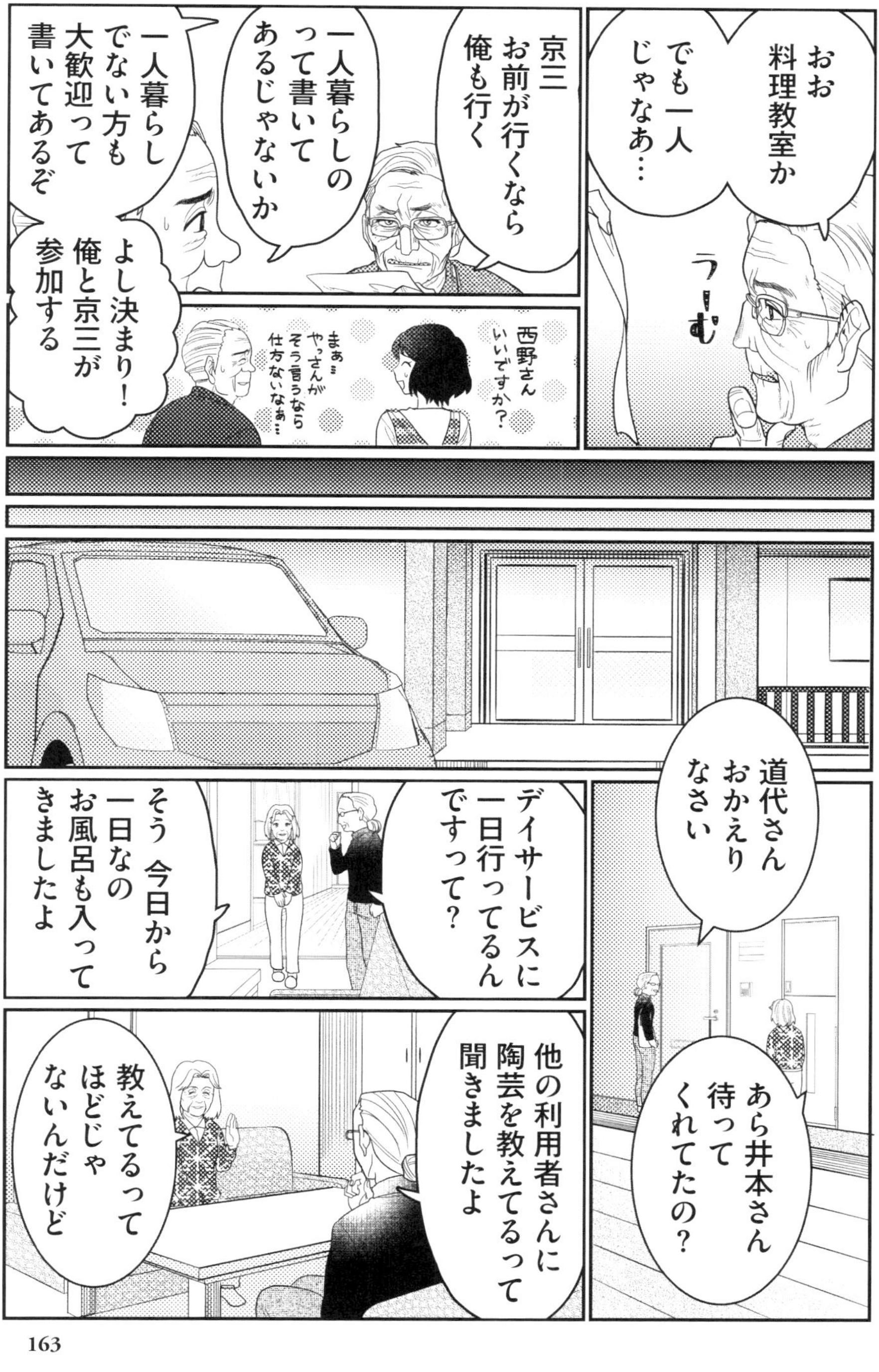

おお
料理教室か
でも一人
じゃなぁ…
う〜む
京三
お前が行くなら
俺も行く
一人暮らしの
って書いて
あるじゃないか
一人暮らし
でない方も
大歓迎って
書いてあるぞ
西野さん
いいですか？
まぁ
やっさんが
そう言うなら
仕方ないなぁ…
よし決まり！
俺と京三が
参加する
道代さん
おかえり
なさい
デイサービスに
一日行ってるん
ですって？
そう 今日から
一日なの
お風呂も入って
きましたよ
あら井本さん
待って
くれてたの？
他の利用者さんに
陶芸を教えてるって
聞きましたよ
教えてるって
ほどじゃ
ないんだけど

カサ…
道代さん これ どうかなあ
わかばの中島さんからいただいたの
スッ…
健康で充実した
一人暮らしの
とき 20xx年10月7日
午前10時～午後
特別養護老人ホー
○○○○
○○○○
○○○○
一人暮らしの料理教室？
私は専業主婦だったし料理には困ってないけど
この教室は料理が上手になるためではなく元気な一人暮らしのお年寄りが仲間をつくれるよう できたらサークル活動にしたいって
料理教室
そうなの
井本さんが行くなら行ってみようかな
おはようございます！
本日はようこそいらっしゃいました
私は地域包括支援センターわかばの杉浦彩香と申します
最初に所長の佐藤真介がご挨拶を申し上げます

わかば所長の佐藤真介です
一人暮らしの料理教室介護予防事業の一環ではじめて取り組むことになりました
今日は　お昼の定食が旨いと評判の小料理屋「佐吉」の女将《おかみ》に特別に来ていただいていますが
二回目と三回目にはそれぞれが自分の得意な料理をつくって食事会をしようと思っています
料理が上手になるためではありません
日ごろ一人暮らしでは料理をしても誰にも食べてもらえないし
つまらないと思うこともあるでしょう
まずは料理を楽しんでいただけたらと思っています
そして一緒にわいわい話しながら食事会をしようと思っています
私はもちろん里芋の煮転がし
ではお互いを知るために自己紹介をしましょう
俺か？
やっさんだよ

ガタッ
八月に家内に先立たれた男やもめの和田です
えっ八月に…
四十九日が終わったばかりじゃない…
やもめではありませんが…
知ってますよ自治会長さん！
隣の和田さんに来いと誘われてやってきた西野です
いつもお世話になってます
民生委員をしている井本です実は私も昨年夫を亡くし 一人で暮らしています
田中です主人の大好物だった里芋の煮転がしをぜひ皆さんに食べていただきたいと思っています

下手くそ！それじゃキリギリスの餌だろうが
代わってやる
包丁なんて使ったことないからなぁ
トトトトト
すごい！
っ！
和田さんなんてお上手！
わ
くっ
び
ウチの板前になってほしい腕前ですよ
わい
ガヤ
さすがやっさんだ
わい
ガヤ
お疲れさまうまくいったようね

そうなんです
皆さんいい顔されてましたよ
二人ともお昼まだでしょ
お料理が残ってるから食べてください
…あー私はいいわ
ぐい ぐい
中島 小林くんに用意してあげて
コトッ
小林さんこのごろ元気ね
所長あっち行っちゃダメですよ
なんでだ?
どうぞ
ありがとうございます
はい このごろちょっと自信が出てきました
報告ですけど邦彦さんがスエさんを日帰り旅行に連れて行ってくれることになりました
それはよかった わざわざ言いに来てくれてありがとう
電話でもよかったのにね…

AQUAS PHONE
22:15
本沢 奈都子
22：15
一人暮らしの料理教室うまくいったんだってね
そうなの皆さんとっても楽しそうだった
元気なお年寄りの集まりだからサークルをつくれたらって中島さんと考えてるの
「佐吉」の女将さんもボランティアで手伝ってくれるって
一度「佐吉」に行ってみようか
いいね～！
ところで奈都子私このごろ思うんだけど
スタッフが仲間意識を持って支え合う一体感を感じたら
ドサ
その心地よさが利用者さんやご家族への支援にいい影響を与えてうまくいくのよね
それに仲間がうまくいったことを認めてくれたら自信につながってこの仕事に確かなやりがいを感じる…

要点・解説 実感する確かなやりがい

ともすれば援助者は、どうすればいいかわからない状況に陥り、援助者としての課題を見失ってしまうことがあります。

援助者としての課題

✤援助者としての課題の見極め

杉浦さんは、おそらく一人で抱え込もうとしていたのでしょう。「一人で抱え込まなくていいんだ。安男さんには、時江さんも西野さんもいる。安男さんと支える人たちを信じればいいんだ」と自分に言い聞かせています。

援助者は、当事者の暮らしや人生を支えることを仕事としていますが、暮らしや人生は当事者が営むものです。ですから、どこまでが援助者としての自分自身の課題で、どこからが当事者の課題であるかを見極める必要があります。**援助者といえども、決して当事者の暮らしや人生を肩代わりすることはできない**のです。

杉浦「ところで時江さん、和田さんってどんなお父さんだったんですか？」

杉浦さんは、時江さんに対して、父親である和田さんがどのような父親であったかを尋ねました。時江さんの言葉は、西野さんの言葉を引き出すことになり、そして、時江さんと西野さんの言葉は、第4話の要点・解説で示した和田さんの頑なな物語の確認ではなく、違った物語を引き出すきっかけになりました。

安男「今、話を聴いていろいろと思い出した。考えてみれば、必死に花代の世話をしてきたのも俺の人生だが、それをずっと心配しながら見守ってくれたお前たちがいたんだ。ありがとう。今やっとお前たちに助けられてることを実感できた」

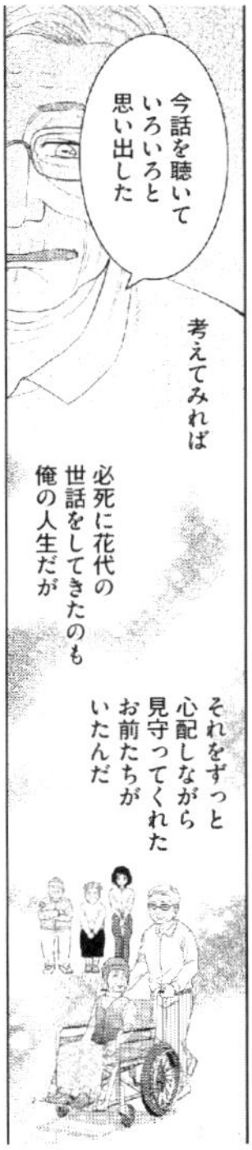

援助者の課題は、あくまでも本人や家族といった当事者が、自分たちの暮らしや人生を組み立てていくことができるように、脇で支えることなのです。

✤当事者への信頼と支え合い

それは、当事者を無条件に信じることにほかなりません。これを「信頼」と言います。何かをしてくれるという担保があるから信じる「信用」とは、根本的に意味が異なるのです。

第三章のポイント

そもそも対人援助とは

- **対人援助の原点**……援助する人とされる人の支え合い
- **対人援助の本質**……人と人との無意識のつながり、すなわち「関係性」

（『対人援助職の燃え尽きを防ぐ』より）

杉浦さんが、勉強会で言っているように、そもそも対人援助とは、援助する人とされる人の支え合いだと言えるでしょう。和田さんを支えていた時江さんや西野さんも、和田さんに支えられていました。専門職としての援助者である杉浦さんも、当事者たちに支えられ育てられました。杉浦さん自身、そう実感しています。

小林さんも、勉強会で杉浦さんに見守られながら中島さんに寄り添い支えることができてきっかけをつかみ、吉野邦彦さんから頼られることを実感しています。そのことによって、無力だと思っていた自分が誰かの支えになれると感じることができました。

中島さんは、勉強会で小林さんや杉浦さんに話を聴いてもらったこと、田中道代さんの娘さん、民生委員の井本さんの支えが土台となり、道代さんへの関わりに確かなやりがいを感じています。**当事者を信頼し寄り添うことが、「いつでもそばにいる」というメッセージを発信することになり、当事者の安心を呼ぶ。すると、当事者は、自分たちの力を信じることができるようになり、自分たちの意思で暮らしや人生を組み立てることができる。**こうした連鎖が生じるのです。

援助者としての確かなやりがい

このような連鎖を生じさせる関わりができた時、援助者は、対人援助職としての存在意義を感じることができるのではないでしょうか。

✤当事者からの信頼、感謝

当事者が援助者を信頼してくれるかどうかは、当事者の課題であり、援助者がお願いするものでもないし強要できるものでもありません。援助者の課題は、今まで述べてきたような対人援助職としての専門性を身につけ発揮することだけなのです。そうすることで、当事者の暮らしや人生の組み立てに寄り添います。その結果として、当事者から信頼される可能性が広がるのであって、決して信頼されることが寄り添うための条件ではありません。

また、確かに感謝の言葉を聴くと、援助者としてうれしくなり、寄り添うことができているとより強く感じるでしょう。意欲も湧いてくるかもしれません。しかし、感謝をするかどうかも当事者の課題であり、援助者が求めるものではありません。**感謝されるかどうかにかかわらず、感謝という見返りを求めるわけでもなく、当事者を信頼し寄り添うことで、第3話の要点・解説で示した当事者を理解しようという対人援助のスタート地点に立つことが**できるのです。

✤仲間との一体感、認め合い

いかに一生懸命関わっても、いかに専門性を身につけても、信頼や感謝という見返りを期待することはできません。支援のプロセスで悪態をつかれたり、拒否されることもあります。ですから無力感を感じることもあります。それだけに、対人援助は非常に繊細で奥深い仕事だと言えるでしょう。だからこそ、**仲間との一体感や認め合いといった「支え」が必要になる**のです。

杉浦「スタッフが仲間意識を持って支え合う一体感を感じたら、その心地よさが利用者さんやご家族への支援にいい影響を与えてうまくいくのよね。それに、仲間がうまくいったことを認めてくれたら自信につながって、この仕事に確かなやりがいを感じる…」

杉浦さんは、和田安男さんへの援助のプロセスで、拒否され、突き放されたこともありました。しかし、ここに来て、スタッフの一体感が、当事者への支援にいい影響を与え、それを仲間で認め合うことが確かなやりがいにつながるのを実感しています。いい意味で、第5話の要点・解説で示したヨコの連鎖が生じたのです。

援助者と当事者は、歩んできた人生、現在抱えている状況がまったく違います。時に違いのある当事者に翻弄され、自信をなくしてしまう。援助者自身の価値観や考えで「こうなればいい」と思うことはあるが、そのとおりにはうまくいかない。そのたびに援助者は、自分自身の対人援助職としての未熟さに直面してしまいます。

しかし、仲間との一体感や認め合いによって対人援助職としての居場所を感じることができ、そして、相手に寄り添ってもらうことの大切さを思い出し、ヒントをつかむことができるのです。すると、困難に立ち向かう力が湧いてきて、未熟さを克服しようとしている自分に気づくことができるのです。

考えてみれば、自分の未熟さに気づくこと自体、成長の証ではないでしょうか。成長していなければ気づくはずもありません。

さらに、仲間に寄り添ってもらった感覚を、身をもって感じることができれば、自ずと当事者にどう関われば寄り添うことができるのかがわかってきます。そして、当事者に関わり、寄り添うことができていると思える感覚を味わえて、たとえ感謝の言葉はなくても当事者によい変化が生じた時、ひそかに援助者としての成長を感じることができるでしょう。また、それを**仲間が認めてくれることによって、援助者としての存在意義を感じ、対人援助という仕事に確かなやりがいを感じる**のです。

エピローグ

一〇月二二日
こんばんは
あら わかばの 杉浦さん
来てくれたのね 先日はお世話になりました
ぬくもり園の本沢と言います
いえいえ お世話になったのは私たちです どうもありがとうございました
参加された皆さん本当に楽しそうでした
私も一人暮らしが長くってね
一人暮らしだとつくらざるを得ませんよね
所長はつくるよりも食べるほうがいいって言うけど
私も彩香も四人家族だからつくるのは四人分ですけど
中島さんって一人暮らしでしょ 一人分つくるのって難しくないですか？

工夫
してるよ
きょと
いっぱいつくっても
一食分ずつ小分けして
冷凍しておくの
そっか
一食分ずつ
冷凍して
おくのか
安男さんに
教えてあげよ
そうすると
疲れてる時とか
面倒な時には
チンするだけ
急なお客さんが
来た時もすぐに
食べてもらえるし
おいしーっ
急なお客さん？
中島さん
もしかして…
奈都子
どうしたの？
ハッ
ううん
何でもないよ
どの料理も
ほんと
美味しいです
そう？
ありがとう
ございます
料理教室の
人たちが
サークルを
つくられたら
よろしく
お願いします
もちろん
喜んで
協力しますよ

あっ
佐藤理事長！
おお
杉浦さんか
仕事帰りだね
お疲れさま
お散歩ですか？
今日の夜は
会議がないからね
たまにはこうして
散歩もいいぞ
若葉会に出向して
半年が過ぎたね

そうですね
あっという間の半年でした
これまでは子ども関係の仕事だったがお年寄り相手の仕事はどうかかな？
対人援助って今まで支えるという暮らしを支えるというイメージだったのですがそれが変わりました
ほう どんなふうに変わったのかな？

確かに暮らしを支える仕事なんですが
もっと深く人生を支える仕事なんだって
お年寄りには深い深い私には想像のつかない人生がありますよね
これまでにどんな人生があって今があるのかを理解しないことには
援助なんてできないとわかってきました
それに…

先日 奈都子…
本沢さんにも
言ってたのですが
スタッフが
仲間意識を持って
支え合う一体感を
感じたら
利用者さんや
ご家族への
支援にいい影響を
与えてうまくいく
ように思うんです
それが自信や
やりがいに
つながると…
なるほどねえ
もう半年経つし
そろそろ
言っても
いいだろう
え？
何ですか？

若葉会が市から地域包括支援センターを受託して三年
軌道に乗ったんですが地域の問題が複雑化しているのも見えてきましてね
その問題の解決のために若い優秀な社会福祉士がほしいのです
草加先生の教え子でいい子を紹介してくれませんか
地域包括支援センターですかそれじゃあ卒業見込みの子では経験不足ですね
う〜〜ん
そうですねできれば経験を積んだ子がいいのですが
優秀な子はみな第一線で活躍してますから引き抜くのはどうか…
パラ…
そうだ！
います経験がある若くて優秀な子が

というわけで
委託元の市に草加先生の
優秀な教え子がいましてね
それが
あなただった
わけです
市を辞めることなく
出向して若葉会に
勤めてもらえる
それで私を
名指しで…
理事長と
草加先生が
仕組んだこと
だったのか
市にはちょっと
無理をお願いする
ことになりましたが
案外すんなり
要望が通りましたよ
ただ何年か後に
市が戻してくれと
言ってきた時に
どうするかという
問題はありますが
その時は相談です

あっ
いつの間に…
一周忌が
終わったんだったな
え？
こうやって
一緒に歩ける
ということは
気持ちの整理が
できたんだろうな

参考文献

『対人援助職の燃え尽きを防ぐ――個人・組織の専門性を高めるために』植田寿之著、創元社、二〇一〇年
『物語で学ぶ 対人援助職場の人間関係――自己覚知から成長へ』植田寿之著、創元社、二〇一二年
『日常場面で実践する 対人援助スーパービジョン』植田寿之著、創元社、二〇一五年
『ソーシャルワークとは何か――バイステックの7原則と社会福祉援助技術』武田建・津田耕一著、誠信書房、二〇一六年
『ケースワークの原則〈新訳版〉――援助関係を形成する技法』F・P・バイステック著、尾崎新・福田俊子・原田和幸訳、誠信書房、一九九六年
『プロカウンセラーの聞く技術』東山紘久著、創元社、二〇〇〇年
『対人援助のための相談面接技術――逐語で学ぶ21の技法』岩間伸之著、中央法規出版、二〇〇八年
『ソーシャルワーカーの力量を高める理論・アプローチ』川村隆彦著、中央法規出版、二〇一一年
『仕事で燃えつきないために――対人援助職のメンタルヘルスケア』水澤都加佐著、大月書店、二〇〇七年
『コーチングの心理学』武田建著、創元社、二〇〇七年
『心コロコロ介護のこころ』川村妙慶・川村寿法著、法研、二〇〇九年
『ソーシャルワーカーという仕事』宮本節子著、ちくまプリマー新書、二〇一三年

おわりに

たった半年間ではありますが、杉浦彩香さんは、とても密度の濃い経験を重ね、対人援助は、支援を必要とする人々の暮らしだけではなく、人生を支える仕事だと認識するようになりました。すべての人に人生があり、それは、誰によっても決して否定されてはいけない。しかし、うまくいかない時、自分を否定し、混乱してしまいます。あるいは他者を否定し、混乱させてしまいます。見えるところだけを見ていたのでは、翻弄されるばかりでしょう。その人が語る奥深い人生に寄り添い、その人がいるところから一緒に歩み出すパートナー、それが対人援助職なのです。

確かに、目に見える今の暮らしぶりを見て、事務的に足りないところをサービスで補う手続きをするだけで事足りる時もあるでしょう。しかし、それは一時的なものであって、状況が刻一刻と変化し、支援を必要とする時期が長く続くと、やがてそれだけでは、利用者や家族との関係に亀裂が生じる可能性が高まります。

制度としてのサービスそのものには血が通っていません。当事者に奥深い人生を語ってもらうことができる、そしてパートナーとして一緒に歩み出すことができる対人援助職の関わりによって、はじめて血の通ったサービスになり得るのです。その関わりが、対人援助職の専門技術だと言えるでしょう。
今後ますます人口における高齢者の割合が増え、在宅介護や介護予防を取り巻く状況は、どんどん変化します。それに伴い制度もめまぐるしく変化するでしょう。それらの変化に、あなたは戸惑うかもしれません。しかし、専門技術は、状況や制度が変わっても決して変わってはいけない普遍的なものなのです。
杉浦彩香さんをはじめ登場人物は、戸惑いの中、決して一人で頑張ろうとせず、専門職仲間や当事者、地域の人たちとあえてつながりました。それが互いの思いやりに発展し、支え合いになり、それぞれの成長をもたらしました。あなたは、その姿に、何かを感じてくださったと思います。その「何か」をどうぞ大切にしてください。きっとこれから磨く専門技術の土台になるでしょう。
本書を出版するにあたり、躍動感あふれる作画をしてくださった漫画家の青野渚さん、いつものように多くの示唆をくださり、何かとご尽力くださった創元社の松浦利彦さんに感謝いたします。

二〇一九年二月

植田寿之

著者略歴

植田寿之（うえだ・としゆき）

一九六〇年、奈良県生まれ。同志社大学文学部社会学科社会福祉学専攻卒業後、社会福祉法人京都府社会福祉事業団心身障害者福祉センター（身体障害者療護施設・生活指導員）に勤務。その後、奈良県に就職。社会福祉法人奈良県社会福祉事業団に出向し、奈良県心身障害者リハビリテーションセンター（重度身体障害者更生援護施設・生活指導員）に勤務。一三年間の社会福祉現場経験後、同志社大学大学院文学研究科社会福祉学専攻博士課程（前期）に進学。修了後、皇學館大学社会福祉学部助手、梅花女子大学現代人間学部講師および准教授を経て、現在フリーで講演、研修講師、執筆等活動中。その他、社団法人日本社会福祉士会理事、奈良県社会福祉士会会長などを歴任。著書『対人援助職の燃え尽きを防ぐ』『続・対人援助職の燃え尽きを防ぐ 発展編』『物語で学ぶ対人援助職場の人間関係』『日常場面で実践する 対人援助スーパービジョン』（創元社）など。

〈ホームページ〉http://tueda.net/

マンガで学《まな》ぶ対人援助職《たいじんえんじょしょく》の仕事《しごと》
——在宅介護《ざいたくかいご》と介護予防《かいごよぼう》をめぐる人々《ひとびと》の物語《ものがたり》

二〇一九年四月二〇日　第一版第一刷発行

著　者　植田寿之
漫　画　青野　渚
発行者　矢部敬一
発行所　株式会社 創元社
〈本　社〉〒五四一-〇〇四七
　大阪市中央区淡路町四-三-六
　電話（〇六）六二三一-九〇一〇㈹
〈東京支店〉〒一〇一-〇〇五一
　東京都千代田区神田神保町一-二　田辺ビル
　電話（〇三）六八一一-〇六六二㈹
〈ホームページ〉https://www.sogensha.co.jp/

組版　はあどわあく　印刷　図書印刷

本書を無断で複写・複製することを禁じます。
乱丁・落丁本はお取り替えいたします。
定価はカバーに表示してあります。

ISBN978-4-422-32054-0 C0036